特別支援教育が
わかる本 ④

「発達障害？」と
悩む保護者のための

気になる子の 就学準備

内山登紀夫 監修　温泉美雪 著

ミネルヴァ書房

はじめに

　今、この本を手にとったお父さんお母さんは、どのようなことを考えていますか。子どもの就学をひかえ、何か心配なことがあるのでしょうか。保護者として準備しなくてはいけないこと、子どもにさせておくべきことは何だろう、小学校はどのようなところなのだろう、先生とはうまくつきあえるだろうか、特別支援教育というものが始まっていると聞くけれど、わが子も支援を受けることになるのだろうか、そうだとすると、将来にわたって支援が必要なのだろうか……。このようなことを考え始めると、不安がふくらんでしまうこともあるのかもしれませんね。

　本書では、こうした疑問や不安に１つずつこたえていきます。たとえば、特別支援教育は、必要に応じすべての学校で、すべての子どもを対象に行われますが、支援を受けるために発達障害の診断が必要なわけではありません。また、就学前に教育委員会が主催する就学相談を受けることができ、子どもの特性に合うのがどの学校・学級か、またどのような支援が必要か、検討してもらえます。

　近年は、就学前後から受けられる発達支援制度や教育制度、就労に向けての支援制度も整ってきていますので、こうした内容についても紹介していきます。今の時期から具体的に情報を集め、将来を見据えながら、目の前のできることを着実に行っていけるよう、保護者を応援するのが本書のねらいです。

　子どもが自分自身を理解し、ものごとを判断できるようになるまで、支援を選びとっていくのは保護者の役割といえます。学校や地域にはさまざまな支援が用意されていますが、集団生活をするなかで受けられる支援や制度には限界があるのも事実です。もし、子どもに心配なことが起きたとき、どこに相談すればいいのか、家庭ではどのように対応すればいいのかについても、随時紹介しています。

　発達障害について正しく理解し、子育てに前向きに向かえるよう、そしてよりよい就学準備ができるよう、本書を活用していただければと、心より願っています。

もくじ

はじめに ……………………………………………… 1
本編の構成と各要素の見方 ………………………… 4

発達障害かも…のときの就学準備
── 保護者の不安・疑問にこたえる ──

保護者の不安・疑問 ①
発達障害って何ですか？ …………………… 6

保護者の不安・疑問 ②
診断を受けるべきかどうか… ……………… 12

保護者の不安・疑問 ③
急にいわれても、将来を思い描けない… ………… 18

保護者の不安・疑問 ④
どんな支援制度があるのでしょう？ …………… 24

保護者の不安・疑問 ⑤
どこで学ばせるのがいいの？ ………………… 30

保護者の不安・疑問 ⑥
就学相談がこわい… …………………………… 36

保護者の不安・疑問 ⑦
就学相談を受けるとき気をつけることは？ ………… 42

保護者の不安・疑問 ⑧
就学までにしておくことがある？ ……………… 48

保護者の不安・疑問 ⑨
学校との協力体制はどうしたら？ ……………… 54

保護者の不安・疑問 ⑩
就学中のルート変更はどうしたら？ ……………… 60

保護者の不安・疑問 ⑪
放課後をどうすごさせたらいい？ ……………… 66

保護者の不安・疑問 ⑫
ほかの保護者に伝えておいたほうがいい？ ………… 72

保護者の不安・疑問 ⑬
担任の先生とうまく連携できない ……………… 78

保護者の不安・疑問 ⑭
登校しぶりなどが起きたら… ……………… 84

保護者の不安・疑問 ⑮
保護者自身がつらいとき… ……………… 90

理解を助ける資料集 ……………………………… 96
特別支援教育の理念と実施のためのしくみ…96／特別支援教育の実施体制（例）…97／発達障害のある子どもと保護者を支援する各種制度…98／不登校・ひきこもりへの支援にかかわる機関…99／発達障害のある人の就労支援にかかわる機関…99／相談窓口…100／発達障害や特別支援教育についての情報提供…100／発達障害関連の活動を行う団体…101／保護者が子育てを学ぶため、子どもが行動を学ぶために…101

参考資料など ……………………………………… 102

本編の構成と各要素の見方

次ページからの本編は、次のような要素で構成されています。

- 保護者の不安・疑問がQの形で提示されています。
- たとえば、こんなシーンがあります。
- 専門家が端的にこたえます。
- 以下、くわしく述べられています。話題が少し変わるところにQ・Aの見出しがついています。

あるテーマについて、図や表も入れてまとめてあります。

コラム。知っておきたい豆知識、こぼれ話などを。

- 重要なポイントをチェック形式で。あとでこのページだけ見直すのもグッド！
- やがて、こんな変化があるかも…

発達障害かも…
のときの就学準備

―― 保護者の不安・疑問にこたえる ――

保護者の不安・疑問 ①

発達障害って何ですか？

　最近、テレビなどで「発達障害」ということばをよく聞くようになりました。自閉症、ADHD、LDなどがあるようですが、発達障害とはどのようなものですか。発達障害のある子どもの家庭や学校でのようすが映像で流れたり、当事者だという大人の人が体験談を話すようすを目にしたりします。ちょっと見たところは普通の人と変わらないように思えるのですが、どのようなことに障害があるのですか。うちの子は物知りなのに、あたりまえのことが意外にわかっていなくて驚くことがあります。……うちの子も何かあるのでしょうか。

 発達の凸凹のため生活上の困難が生じるもの

　発達障害は、端的にいうと発達に凸凹があるために起こる障害です。得意なところと苦手なところがあるため、生活していくなかでうまく対処できない事態に直面します。症状の現れ方によって、「自閉症スペクトラム障害」、「ADHD（注意欠如・多動性障害）」、「LD（学習障害）」などの診断がつきます。「発達障害」はこれらの総称です。

　発達障害のある子どもが見せる姿は、集団行動よりもひとりの行動を好む、動きが多い、注意の切り替えが早い、まわりとのトラブルが多い、学習の苦手さがめだつことがあるなどさまざまありますが、いずれも、生まれながらの脳のはたらきが関係しています。定型発達の人とは、脳のはたらき方のタイプが違うのです。

Q 知的障害のことなの？

A 知的障害とイコールではない

　知的発達のペースが通常より遅いことで適応上の問題が生じるとき、知的障害とよばれます。ことばの理解や表現が苦手であったり、着替えや食事などの生活習慣を身につけることがなかなかできなかったりして、日常生活全般に支障がある状態をさします。

　発達障害は、得意なところと不得意なところ、つまり発達の凸凹がある状態です。できるところとできないところがあり、その差がめだつようであるなら、発達障害の可能性があります。

A 知的な遅れがある場合もない場合もある

　発達障害にはいくつかの種類があり、知的な遅れがある場合もない場合も含まれています。ADHD（注意欠如・多動性障害）やLD（学習障害）は基本的に知的障害を伴いませんが、自閉症スペクトラム障害は、知的障害がある場合も知的に高い場合もあり、さまざまです。

　医学的には、知的障害は発達障害のひとつに含まれます。発達障害者支援法においては、自閉症スペクトラム障害のアスペルガータイプやLDなどの知的障害を伴わない障害が主たる対象ですが、知的障害を伴う自閉症は対象になっています。

Q 発達の凸凹があることが障害なの？

A 生活に支障があるとき障害ととらえる

　発達の凸凹、つまり得意なところと苦手なところがあることがすなわち発達障害ではありません。得意なことや苦手なことは、どの人も多かれ少なかれ持ち合わせているものです。苦手なことがあったとしても、その程度が軽ければ発達障害とはいいません。発達障害とされるのは、発達期から発達の凸凹があり、かつ生活上支障をきたしている場合であって、自閉症スペクトラム障害やLDなどの医学的な診断基準に合致する場合です。

　なお、「発達障害」は診断名ではありません。自閉症スペクトラム障害やADHD、LDなどを総称して示すときの用語です。

発達障害の種類と特徴

発達障害の種類

「発達障害」は、発達に関するいくつかのタイプの障害の総称。脳機能の障害であって、その症状が通常低年齢で現れるもので、自閉症スペクトラム障害、ADHD（注意欠如・多動性障害）、LD（学習障害）、言語の障害、協調運動の障害などがある。ひとりが複数の障害特性を併せもつことも多い。

● 自閉症スペクトラム障害

コミュニケーションと想像力の発達に偏りがあり、対人交流の困難が見られる社会性の障害。知的な遅れを伴う場合とそうでない場合がある。

ことばを獲得していても、場面に応じて適切に使うのがむずかしく、言外の意味や表現されない気持ち・状況などを想像できないことから、人づきあいが苦手なことが多い。想像力のとぼしさから、同じ動作を反復したり、変化を嫌うなどのこだわり行動を示す。聴覚、触覚、味覚、嗅覚などの感覚の過敏、逆に鈍感という特徴が見られることも多い。

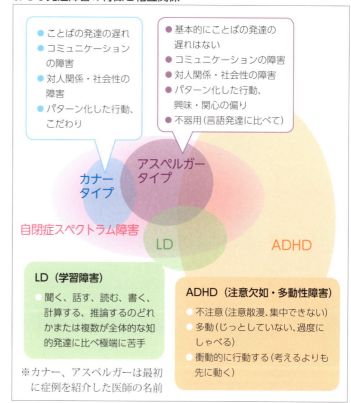

おもな発達障害の特徴と相互関係

カナータイプ
- ことばの発達の遅れ
- コミュニケーションの障害
- 対人関係・社会性の障害
- パターン化した行動、こだわり

アスペルガータイプ
- 基本的にことばの発達の遅れはない
- コミュニケーションの障害
- 対人関係・社会性の障害
- パターン化した行動、興味・関心の偏り
- 不器用（言語発達に比べて）

LD（学習障害）
- 聞く、話す、読む、書く、計算する、推論するのどれかまたは複数が全体的な知的発達に比べ極端に苦手

ADHD（注意欠如・多動性障害）
- 不注意（注意散漫、集中できない）
- 多動（じっとしていない、過度にしゃべる）
- 衝動的に行動する（考えるよりも先に動く）

※カナー、アスペルガーは最初に症例を紹介した医師の名前

● ADHD（注意欠如・多動性障害）

明らかな知的な遅れはないが、注意が散漫であったり、動きが多かったり、考えもせず衝動的に行動に移してしまうなどが顕著。発達障害者支援法では「注意欠陥多動性障害」とよぶ。

● LD（学習障害）

学習に必要な能力に偏りがあって学習がむずかしくなるもの。知的な遅れはないが、聞く、話す、読む、書く、計算する、推論するの能力のうちどれか、または複数で困難を示す。低学年では1年、高学年では2年程度の学習の遅れが生じていることが目安である。

DSM-5（医学的診断基準）に基づく重症度

すべての発達障害の人の支援につながるよう、症状をレベル1（支援が必要）、レベル2（かなりの支援が必要）、レベル3（最大限の支援が必要）の3段階で示すようになっている。

保護者の不安・疑問① 発達障害って何ですか？

A 周囲から努力が足りないと見られ、本人と家族もアンバランスさに苦しむ

できることとできないことのギャップが大きいと、苦手なところを周囲の人から「努力が足りない」ととらえられてしまいがちです。でも、本人は怠けているわけではないのです。かえって「なぜ、これはできるのに、これはできないのだろう」と悩むこともあります。

保護者も、子育てをするなかでアンバランスさを不思議に思ったり理解に苦しんだりします。特に、発達障害とわかる前には、原因がわからないことで苦しい思いをしがちです。

Q 何歳ぐらいでわかるの？

A 1歳頃から家族が気づくことも

たとえば、自閉症スペクトラム障害がわかってくるのは、1歳頃からです。なかなか寝つけない、掃除機の音や抱っこをいやがる、決まったものしか食べないなどの感覚過敏が、気づかれる最初の特徴です。また、道順にこだわったり、ミニカーで遊ぶのに走らせるのでなく並べることに没頭するなど一風変わった遊び方をしたり、ひとり遊びを好み他者とのかかわりを求めなかったりするなども、家庭で気づかれやすい特徴です。

A 集団場面で気づかれる

家庭では、知らないうちに家族が子どもに合わせ対応するので、これらの特徴は気づかれないことがあります。保育園や幼稚園などの集団場面では、他者と調整しなくてはならない場面が多くなるため、コミュニケーションや想像力が求められます。これらの力が弱いと、園で周囲に合わせた集団活動がとれない、周囲とのトラブルが多いなどが気になるようすとしてとらえられ、発達特性が明らかになります。

子ども同士のかかわりのむずかしさや、我の強さなどがめだち、園で指摘されるほか、1歳6か月児健診や3歳児健診でわかってくることが多いようです。

A 就学後ひとりでの行動が求められると不注意が明らかに

ADHDの場合、保育園・幼稚園では、集まりのときに座っていられない、だしぬけに行動して危ないことなどがめだつようになります。不注意は忘れ物が多い、ぼんやりして集団行動に遅れがち、といったようすに現れます。こうした姿は、園で周囲におよぼす影響が大きくなく、また適宜支援され問題として取り上げられにくいのですが、就学して、子どもがひとりで行動することが求められるようになるとわかってくることが多いでしょう。

A LDは就学後、学習場面で

LDは、小学校に入ってから、読みがたどたどしい、書く文字のバランスがととのわない、計算するのに指を使うなどのようすから見つけられます。ひらがなの読み書きや1桁の足し算引き算、九九は2年生まで多くの子どもが苦戦しますが、徐々に、習得できる子どもとできない子どもとに分かれていきます。

実際にはほとんどの子どもが就学前までに文字を覚えるのですが、年長になってもまったく文字に関心がない場合などはLDの可能性もあります。読むことと書くことでは、読むことのほうから克服される場合が多いようです。漢字や九九を一度は覚えるのだけれど、すぐ忘れてしまい定着しないといった状態は、LDの可能性があるといえるかもしれません。

A 大人になるまで気づかれないことも

多動や対人トラブルがめだつ場合は、問題が顕在化しやすいため、早い時期に発達障害に気づかれる傾向があります。

ところが、おとなしくて周囲を巻き込むトラブルが見られない場合には、大人になるまで発達障害に気づかれないこともあります。対人関係において受け身的な自閉症スペクトラム障害、ADHDの不注意タイプは、その可能性があります。

Q 親の育て方が悪いの？

A 育て方が原因ではなく、脳のはたらき方が異なるもの

発達障害は保護者が不適切な育て方をしたことによって生じるものではありません。発達の凸凹は、生まれながらの脳のはたらきによるものです。

傍若無人なふるまいがめだつ子どももいて、親のしつけが悪いようにいわれることも多いのですが、実はそうではないのです。

Q よくなるのかしら？

A 脳のはたらきそのものを変えるのはむずかしいが、困難を減らすことはできる

生まれつきの脳のはたらきによるものであり病気ではないので、なおすということはむずかしいものです。しかし、発達障害があっても、子どもはそれぞれに成長していきます。特性に応じた工夫をして、生活していくうえでの困難を減らしていくこともできます。

特に、感覚の過敏や鈍感がある場合、感じ方を変えるのは困難なので、本人に努力を求めるのでなく、まわりの対応を工夫する必要があります。

A 環境やルール、学習方法などの工夫で

動きが多かったり衝動的に行動したりする場合には、注意がそれる原因となる刺激を少なくする環境設定が大切です。対人面のトラブルは、暗黙の了解や相手の気持ちを想像することの苦手さから生じることが多いので、トラブルが生じやすい場面でのルールを明確にすることが支援のひとつになります。

文章を読んだり漢字を書いたり、計算のしかたを覚えたりするのがむずかしい場合には、習得のしかたに特徴があるので、みんなと同じ方法でなく、その子に合った学習方法を模索する必要があります。

Q 遺伝するものなの？

A 遺伝の関与は明らか

発達障害には遺伝的要因と環境要因が作用しています。一卵性双生児でも100％一致するわけではないので遺伝だけでは説明がつかず環境要因も関与しています。きょうだいや家族内で発達障害の人が複数いることはけっしてまれではなく、遺伝が関与することは明らかです。

A 家族で似た発達特性が見られることも

あくまでも、子どもに発達障害があることが、すなわち親にも発達障害があることではありません。しかし、親やきょうだいが同じ発達障害の診断を受けていたり、診断がつく程度ではないにしても同じ発達特性が見られたりする場合が少なくはありません。体型などが親子で似るのと同じで、親子に似た発達特性が見られることはよくあるのです。

保護者の不安・疑問① 発達障害って何ですか？

✓チェック！ 発達障害のとらえ方

- ☐ 発達障害は発達期に特性が明らかになる
- ☐ 発達の凸凹があり生活上の困難が生じるもの
- ☐ 自閉症スペクトラム障害、ADHD、LD などがある
- ☐ 知的な遅れが伴う場合も伴わない場合もある
- ☐ 育て方ではなく、脳のはたらきによるもの
- ☐ 特性に応じ、苦手さを補う工夫が必要

保護者の不安・疑問 2

診断を受けるべきかどうか…

　小さい頃から多動で衝動的なところがめだっていましたが、保育園でも乱暴なことをして、そばにいる子を泣かせたりすることが多くなりました。園の先生からは、一度医療機関を受診してはと、やんわりですが何度か勧められてしまいました。親としても気がかりですし、専門家に診てもらいたい気持ちはあるのですが、いったいどういうところで診てもらえばいいのか、いざ何かの障害があるとはっきりしてしまうのもこわく、ためらいます。診断を受けるべきなのでしょうか。

①

②

③

④

 診断は手助けや今後の見通しのために有益

　保育園の先生が受診を勧められる理由を考えてみましょう。先生は、日々の活動のなかで、どう指導したらいいかわからない、思惑と異なる反応がかえってくるなどの経験をして、何かあるのかもしれないと心配されたのではないでしょうか。今よりもっとしてやれることがあるのではと考えてのことかもしれません。診断は、そういう悩みに支援のヒントを与えてくれるものでもあります。同じように落ち着きがない場合でも、たとえば環境の変化による一時的なものなのか、生まれつきの脳の偏りのためなのかによって対応が変わってきます。いっしょに悩んでくれる先生のことばなら、思い切って受診してみることを勧めます。

Q 診断はどこでしてもらえるの？

A 専門医のいる機関で診察を受ける

　診断は専門の医師が行います。療育センター（児童発達支援センター→p.25）や一部の発達障害者支援センター、一部の児童相談所、発達障害の診療が可能な開業医のクリニックなどで診察を受けることができます。

　クリニックの診療科は児童精神科や発達小児科などです。診療の対象としている年代はそれぞれのクリニックで違い、15歳まで診るところ、20歳前後まで診るところ、成人期まで診るところなど、さまざまです。

　成人期には、発達障害を専門とする精神科を受診することができればそうします。しかしながら、成人の発達障害を診療する精神科は非常に少ないのが現状です。

A 地域差のある分野

　全国的に見ると発達障害を専門に診ることのできる医師はそれほど多くなく、受診予約は数か月先までふさがっていることもあるようです。また、地域によって事情が異なることもあります。まずは、受診の必要性も含め、保育園・幼稚園の先生、保健センターの発達相談窓口などに問い合わせるのがいいかもしれません。相談のうえ、適した機関を紹介してもらえるでしょう。

Q 必ず子どもを連れていくべき？

A 子どもを連れていく必要がある

　相談はともかく、診断を下すには子どもの診察は絶対に必要です。もちろん保護者からの情報も重要ですが、同時に子どもを直接診察してもらうことが大切です。診察といっても、からだの病気の診察とは異なります。診察室で看護師などと遊ぶようすを医師が観察し、子どもの特徴をとらえていきます。

A 「どこも悪くないのに」「何しに行くの？」と言う子には…

　避けたいのは、叱る場面で「お医者さんに診てもらおう」と言うことです。子どもは自分が悪い子だから連れていかれると受け取ってしまいます。「保育園がもっと楽しくなるように相談しよう」など、受診を前向きにとらえられるような伝え方をしましょう。

Q 何をもとに診断するの？

A 生育歴、行動観察、検査などで総合的に

自閉症スペクトラム障害、ADHD、LDなどの発達障害は、それぞれ診断基準があります。保護者からの生育歴（出生からこれまでの成長のようす、保護者のかかわりなど）の聞き取り、医師による行動観察、客観的な発達検査をして、総合的に判断されるのです。単に発達の凸凹があるから発達障害と診断がつくわけではありません。

A 障害の有無と発達の特性を知るために

発達障害の診断は、障害があるかないかも非常に重要ですが、それとともに、その子その子の発達の特性を知ることも目的にします。

子どもたちはそれぞれに得手不得手の差がめだつことがあります。発達障害の場合は苦手さは脳の機能の偏りを反映しているので単に努力すれば改善するわけではなく、特別に工夫が必要になります。診断を受けることは、得意なところを見つけて伸ばし、不得意なところは対応のしかたや環境調整、得意な能力で補っていく方法を探すために有益です。

Q 検査っていわれたけど何を調べるの？

A 検査では発達特性を調べる

子どもの発達特性を知るための手段として、発達検査があります。ことばの理解や表現、見て判断する力、ものを操作する力など、多面的に発達の状態をとらえることができます。それぞれの力がどの程度あるのか、ばらつきの具合はどうか、同じ年齢集団のなかでどのあたりにいるのか、どのような方法で教育するのが効果的なのかを知ることができます。

A 発達検査で、こんなこともわかる

検査には次のページに挙げるようなものがあります。注目したいのは、検査内容の幅広さです。多方面から認知の特性をとらえ、総合的な力である知能を明らかにしてくれます。

言語理解に優れているのか、言語を介さないで視覚的に処理するほうが得意なのか、情報処理は視覚優位なのか聴覚優位なのかなどもわかります。これらの特性がわかることで、その子に合わせた学習方法やコミュニケーションの方法をさぐっていくことができます。

A 集団での指示が理解できない理由には…

たとえば、集団での指示が理解しにくいという問題があったとします。聞こえの問題なのか、聞こえているのに集中できないのか、聞こえているけどことばの意味がわからないのか、注意がそれてしまうのか、興味がないことには取り組まないのか……。検査によって、これらをある程度把握することができます。

つまり、知能検査という名前の検査をしても、知能指数という単なる数値だけで子どもの力を判断するものではありません。数値より、一つひとつの検査項目に対して、子どもがどのように取り組んだのかをじっくり観察しながら、子どもの傾向を見ていくためのものだと理解するのがいいでしょう。したがって、これらの検査は専門性のある心理士や言語聴覚士や作業療法士などが行います。

A 検査でわかることには限界も

検査は通常1対1で行いますから、集団場面でどのように子どもがふるまうのかまでは正確にはわからないことがあります。たとえば1対1場面では能力を十分に発揮できる子どもが保育園・幼稚園のような集団場面では

発達検査の種類と特徴

知能検査

● 田中ビネー知能検査
ビネーが開発した検査の日本版。2歳から適用可能で、療育手帳取得の際にも用いられる。

● 新版K式発達検査
幼児がおもな対象。検査を受ける態勢ができず田中ビネー知能検査がむずかしい場合でも適用できる。姿勢・運動（運動機能）、認知・適応（視覚認知機能）、言語・社会（コミュニケーション機能）の各領域と、全領域について発達年齢と発達指数を算出する。

● WISC-Ⅳ
ウェクスラーが開発した幼児・児童用の検査。5歳から16歳まで適用可能で、小学生以降の知能検査の定番といえる。全検査知能指数のほか、言語理解、知覚推理、ワーキングメモリー、処理速度の4つの指標で測定し、知能の構造と個人内差を明らかにすることができる。

● K-ABCⅡ 心理・教育アセスメントバッテリー
カウフマンが開発した検査。2歳6か月から18歳11か月まで適用可能。継次尺度（短期記憶）、同時尺度（視覚処理）、計画尺度（未知の課題に対し推理し対応する力）、学習尺度（長期記憶と検索の力）、語彙尺度（習得して蓄積した力）、算数尺度（量的知識）、読み尺度および書き尺度から構成されている。LDアセスメントの材料になる。

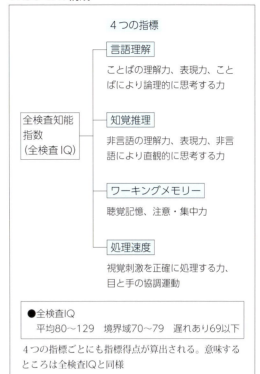

WISC-Ⅳの構成

4つの指標

全検査知能指数（全検査IQ）
- 言語理解：ことばの理解力、表現力、ことばにより論理的に思考する力
- 知覚推理：非言語の理解力、表現力、非言語により直観的に思考する力
- ワーキングメモリー：聴覚記憶、注意・集中力
- 処理速度：視覚刺激を正確に処理する力、目と手の協調運動

● 全検査IQ
平均80～129　境界域70～79　遅れあり69以下

4つの指標ごとにも指標得点が算出される。意味するところは全検査IQと同様

言語能力検査

● ITPA
カークらが開発。日本版は3歳0か月から9歳11か月の子どもが対象。回路（聴覚―音声回路、視覚―運動回路）、過程（受容過程、連合過程、表出過程）、水準（自動水準、表象水準）のどの能力が強くどの能力が弱いのかを測定し言語のつまずきを診断する。

その他

運動能力をみるもの、手先や視知覚の機能をみるものなどもある。

能力が発揮できないこともあります。

検査でわかることには限界もあることを理解する必要があります。

Ⓐ 同じ検査を受けるときは一定期間あける

注意したいのは検査を受ける頻度です。知能検査をはじめとする全体的な発達傾向を知るための検査は、一度受けたら原則として少なくとも1年以上経過しないうちは、同じ検査を受けることはしないほうがいいでしょう。

さらにくわしい診断を受けたいと思ったり、セカンドオピニオンを得ようとしたりするときは、いつ、どこで、どのような検査を受けたのか、またその結果について、書面にして伝えていくことが大切です。

Ⓠ 検査を受けたら、すぐ診断が出るの？

Ⓐ 十分な情報が集まった時点で診断される

初診と検査を受けた段階で診断が確定する場合もありますが、確定診断ができるまでに通院を重ねて情報を集めていく場合もあります。検査は診断のための情報の一部であって、検査で診断が出るわけではありません。

十分な情報が集まって診断基準を満たした場合に、障害の診断がなされます。知能検査のプロフィールで凸凹があることで発達障害と診断されるというようなことは、本来あってはならないことです。

Ⓐ 子どもが見せる姿によって診断が異なることも

発達障害のある子どもの場合、環境によって見せる姿が異なることがよくあります。診察室でのようすを観察するほか、保護者からの聞き取りによって子どもの全体像を見立て、診断していきます。

どのような情報が集まるかによって、診断が異なる場合があります。ADHDと自閉症スペクトラム障害が合併しているのか、ADHD単独なのか、という違いがよく見受けられます。

年齢を追うごとに子どもの行動に変化が見られ、診断名が変わることもありえます。衝動性がなくなって、対人面のつまずきがめだち、ADHDから自閉症スペクトラム障害に診断名が変わることも実際にはあるようです。小さいときはADHDの特性がめだち、自閉症スペクトラムの特性が見逃されることで生じることが多いようです。

Ⓠ 診断はすぐに子どもに話すべき？

Ⓐ 話すのは慎重にタイミングを選んで

診断をいつ子どもに説明するかは慎重に判断する必要があります。早ければ早いほどいいというものではありません。子どもに診断名を伝えるのは、子どもがある程度自分のことを理解できるようになり、秘密の概念がわかるようになってからのほうがいいようです。話すタイミングは慎重に選びます（→p.88）。

Ⓐ 療育や支援を受けるときが第一ステップ

子どもは、小学校にあがってから自分とほかの子との違いに気づくようになってきます。療育や就学相談、特別支援を受けることの説明をすることが、障害について話す最初のステップになるでしょう。

どうして支援を受けるのかについては、子どもがわかりやすいように話します。「学校が楽しくなるように」「勉強がわかるように」など、子どもがプラスととらえられるような説明がいいでしょう。

保護者の不安・疑問②　診断を受けるべきかどうか…

✓チェック！ 診断を受ける場合の考え方

- ☐ 専門医のいる機関を探す
- ☐ 障害の有無と発達の特性を知るためと考える
- ☐ 生育歴や行動観察、検査などから診断される
- ☐ 将来の見通しや支援の方法を知るのに役立てる
- ☐ 客観的な検査の意義を知っておく
- ☐ 診断内容を子どもに話すタイミングは慎重に選ぶ

① 児童発達支援センター？／うん。行ってみようか

② 家では落ち着いて遊べるのよね／そうだよね

③ 発達障害も子どもによっていろいろなんだなあ

④ まずは疑問に思っていることを聞きに行こう／そうね！

保護者の不安・疑問 3

急にいわれても、将来を思い描けない…

幼稚園の年中児です。園から紹介された児童精神科クリニックを受診したところ、「発達に気がかりなところがあるので、ようすをみましょう」と言われ、半年後に再診となりました。気になっていたことばの遅れはなくなってきて安心していたのですが、発達障害かもしれないという予想外のなりゆきに驚いています。今まで思い描いていた成長のイメージも一気にくずれてしまいます。普通に学校を卒業し、仕事をもち、親元を離れ自立して、という道筋は、この子には望めないのでしょうか。この子の将来をどう考えたらいいのでしょう。

 特性を見極め環境も選んで進学・就職へ

　「障害」といわれ、何もできない子どもになってしまうのだろうか、将来ずっと親が面倒を見ていくのだろうか、と一気に不安がふくらんでしまうのは無理もありません。でもまずは、実際の診断名や知的水準など子どもの特性について医師の説明を聞いてみましょう。発達障害のなかでも、自閉症スペクトラム障害なのか、ADHDなのか、LDなのかで今後の方針が違ってきます。将来は得意・不得意や興味のあり方などを見極め、子どもの特性に合った分野を選んで進学する、苦手な仕事内容や環境を避けて就職するなどの工夫は必要になります。そして、適切な支援が受けられるよう計らうことが、保護者の役割になるでしょう。

Q 自立は望めないの？

A 社会人となり自立生活をするのは可能

　発達障害があっても、就職し結婚して家庭を守るなど、社会人として自立している人はたくさんいます。またある程度の支援を受けつつ、その人なりの有意義な生活をしている人もいます。その一方で、精神的な問題や家族間の問題に悩んでいる人もいます。

　よりよい将来のためには、その子が本来もっている能力を発揮しやすいよう、周囲が適切な環境を用意し、特性に合った子育て・教育をしていくことが必要です。

A 適切な支援により有意義な成人期に

　ひきこもり状態にある成人のなかには、発達障害のある人が一定数（調査によって差があるが3割から5割前後）いることがわかってきました。ひきこもりの状態はさまざまですが、なかには強い自己否定感に悩んでいる人もいます。わが国で発達障害者の支援が本格的に始まって、まだ20年ほどしか経っていません。したがって、今成人を迎えている発達障害者のなかには、幼少期から適切な理解や支援を受けられずにきた人もいます。

　発達障害があったとしても、小さい頃から周囲がそのことに気づき、適切な支援をしていくことで、自己を肯定的に生きていけるように導くことができるかもしれません。

Q 人様のお世話になって生きるの？

A 支援を受けつつ役割を果たすのも自立

　支援を受けながらできる役割を果たしていくことも、その人なりの自立です。誰しも家族や学校や職場の仲間などの世話になり、協力しながら生活しているものです。発達の偏りのため苦手なことがある場合、人に協力を求める機会は多くなるかもしれません。できる範囲のことを行い、支援を受けつつ自分なりに有意義な生活ができることも大切です。

　そのためには、「あなたができないから」ではなく「意味のある時間をすごし、自分のしたいことを達成できるように」支援を受けるというメッセージを伝えることが大事です。

A 意識して支援のバトンタッチを

　保護者も、「ずっと守ってやらなきゃ」と思

い込みすぎないことです。実際には成人期以降も長期にわたって保護者の支援が必要なこともあります。しかし、保護者だけで支援をしようとするのではなく、保護者以外の支援者を確保するように意識し、少しずつでも第三者の支援を受けるようにしていきましょう。

子どもの世界が広がるにつれ、見守りや手助けを周囲の人に託すことも大切です。意識して、支援の役割の一部を学校の先生などにバトンタッチしていくことも考えましょう。

Q 高等教育を受けるのは無理なの？

A 大学進学も可能だが、サポートなしでは続かないこともある

発達障害があっても、大学や大学院まで進学する人はいます。知的レベルが高く、興味関心のあることへの集中力が抜群だったり、記憶力がよかったりという特性を生かして、大学教員など研究者になる人もいます。

ただし大学では個別のサポートはむずかしいことが多く、学習内容が専門的になるため保護者や第三者が支援しようとしても手は届きにくくなります。履修登録ができない、交友関係がつくれずノートや過去問が手に入らない、レポートで協力体制がとれない、大学になじめず不登校になるなどで、やがては留年、退学といったルートをたどる例もあります。

最近は大学関係者にも発達障害の知識が浸透してきて、サポート窓口を設けたり相談員を配置したりの支援を始めています。個別のサポートがどれだけ受けられるか、テストの方法などでどのように柔軟に対応してもらえるかなども、志望校選びの条件になりそうです。

もちろん、大学が規定する出席や学業成績をおさめることが必要条件になります。

A 進学だけが目的にならないように

また、保護者として心しておきたいのは、大学に進むことだけが目的とならないようにすることです。将来の職業生活のために「なんとしても有名大学に」「大学さえ出ておけば」と考えるかもしれませんが、就職する際には肩書きだけでなく仕事をこなす能力がどれくらいあるかが重要になります。

特に発達障害のある子どもにとっては、より特性に合った教育、職業訓練を受けるほうが自立への近道になることもあります。

Q 高校には行ける？

A 多くは高等学校に進学する

発達障害がある子どもの多くは、高等学校に進学しています。文部科学省の分析・推計（「高等学校における特別支援教育の推進について ── 高等学校ワーキング・グループ報告」2009年）によると、2009年3月時点で、中学校3年生全体のうち発達障害等の困難があるとされた生徒は約2.9％、そのうち約75.7％が高等学校に進学するとしていたそうです。

中学校で特別支援学級に在籍した場合でも、高等学校を受験できます。文部科学省の2013年「学校基本調査」によると、2013年3月に卒業した中学校の特別支援学級在籍者のうち、約28.5％が高等学校等（高等学校本科・別科、高等専門学校）に進学しています。

A さまざまなタイプの高等学校に進学

前出の文部科学省の分析・推計によると、高等学校進学者には発達障害等の困難がある生徒が約2.2％含まれていますが、この割合は課程・学科で大きく異なっています。課程別では、全日制1.8％、定時制14.1％、通信

制15.7％となっており、全日制以外の課程の在籍率が高いといえます。学科別では、普通科2.0％、専門学科2.6％、総合学科3.6％です。

世間的な評価としては、定時制より全日制、専門学科より普通科、というふうに考えがちですが、特性や興味を重んじればこういう選択があるということでしょう。農業や工業などの専門学科であれば、学校を通じて、適性にマッチした職場が見つかることもあります。

A 適切な支援が受けられる環境を選ぶ

高等学校や大学でも特別支援教育（→p.31）は始まっていますが、本格的に取り組んでいるところは多くはありません。適切な支援が受けられるかどうかは学業を進めるうえで重要なポイントなので、情報収集に努め、適切な環境が得られるようにしましょう。

私立の高等学校には、学校の特色として特別支援教育の充実を謳っている学校があります。また、フリースクール（→p.87）やサポート校に通うという方法もあります。どちらも、高等学校卒業資格を取得するには高卒認定試験に合格することが必要になります。サポート校は通信制高等学校に在籍する生徒が対象で、卒業に向けて支援を行っています。

Q 働くことができるかどうか

A 自立して働いている人、何らかのサポートを得て働いている人が大勢いる

発達障害の人で、仕事をしている人は大勢います。いわゆる正社員や公務員をしている人もいます。変化の少ない環境が適していることが多いのですが、大会社や公的機関だと、ずっと同じ仕事をしたり、ずっと同じ職場にいるということは通常できません。

特例子会社（障害者への配慮がある障害者雇用率制度に基づく子会社）で働く人も増えてきました。ただ、こういった職場でもサポートの質や量は現場によってさまざまです。

仕事を選ぶ段階から、就労支援の専門家に相談をするのがいいでしょう。

A 通常レベル以上の仕事ができることも

たとえば物品管理の仕事は、決められたことを正確にこなす自閉症スペクトラム障害の人に向いていたりします。読み書き計算が苦手であれば、そういったスキルの必要度が低い職場を選び、必要に応じてIT機器を使うことで業務を補えます。

適材適所がうまくいけば通常レベル以上の実力を発揮する人も多いのです。ただ、このような適材適所が可能かどうかは会社の方針や上司によってずいぶん異なります。どうしても合わない仕事をしなければならないときには転職も考えねばならないこともあります。

Q 将来のために家庭でできることは？

A 生活スキルを身につけさせる

家庭では、起床や就寝を規則正しくすること、身辺を清潔に保つこと、持ち物管理などの生活スキルを身につけ、習慣化させることに取り組みましょう。

A 小さいときから働くイメージをもたせる

現代社会では、保護者が仕事をする姿を子どもが見る機会はほとんどなくなりました。給料も銀行振込になり、働いて金銭を得るイメージももちにくい世の中です。特に、目に見えないものを想像して理解するのがむずかしい子どもの場合、働くことの意味は意識し

て教えていく必要があります。

給料日には働き手に感謝のことばをかける、日々の生活のなかで家計について子どもにわかりやすく話すなどして、働くことと金銭、生活の成り立ちなどを教えていきます。

また、家庭内で役割をもたせ、働きに応じて小遣いを渡す取り決めをし、金銭感覚をつけていく試みもいいでしょう（→ p.69）。

A 意識して社会的スキルを習得させる

社会生活に必要なスキルを身につけさせることはどの家庭においても重要ですが、発達障害がある場合、特に意識して教えるようにします。社会的イマジネーションが弱いと、人のすることを見て、自然とマナーやルールを覚えるということがむずかしいからです。

特に対人スキルは重要です。たとえば、先生に何かを頼むときは「○○してください」とていねいに話す、人のものを見たいときは「見せて」と言って承諾を得るといったことを、具体的な場面をとらえて教えていきます。

Q 保護者が特に心がけることは？

A 子どものありのままを理解する

特性に合った選択が大事だと述べてきましたが、そのためには、子どもの姿をゆがめずありのままに受け止め、理解することが必要です。できること・できないこと、興味と適性の方向を冷静に観察し、見極めることを積み重ねていきましょう。そして、得意なところを伸ばしていけるように心がけます。

A 進路選びを助けていく

小さいうちは保護者が進路を選ぶでしょうが、徐々に子どもの意見を取り入れ、選択権をもたせていきます。そうすることで、多少の失敗も子どもが「自分で選んだから」と責任をもつようになります。また、うまくいったときの充実感は格別のものとなるでしょう。

適性に気づかないとき、選ぼうとしている進路がどう見ても適切でないときには、アドバイスをして助けるようにします。

Column　地道な継続で働く意欲が育まれた青年

Aさんは自閉症スペクトラム障害の診断を受けた青年です。高等学校を卒業し晴れて大型書店に就職しました。障害者枠の雇用で正社員として週5日働いています。

家庭では生活の自立が重視され、ご飯を炊くことと洗濯物をとり込むことはAさんの仕事でした。週末には父親といっしょに料理をするなどし、家事を覚えていきました。両親がAさんをよくほめたせいか、妹からも一目置かれています。

学校では、中学校から特別支援教育を受けました。数学では電卓を使うことが許されることもありました。行事では得意なダンスを披露するなどし、気の合う仲間もできました。あこがれの先輩を見習って敬語を使うことを覚え、部屋に入るときには先を譲るなどのマナーも身につけてきました。

就職にあたっては、「今までは親から小遣いをもらっていたけれど、これからは自分で稼いだお金で遊ぶのでうれしい。わくわくする」と言っていました。職場の先輩の指導を受けながら、順調に仕事を続けています。家庭や学校でできることに着々と取り組んできたことで、自立につながった好例です。

保護者の不安・疑問③　急にいわれても、将来を思い描けない…

✓チェック！ 子どもの将来を考えるポイント

- [ ] 特性に合った子育て・教育次第で自立生活は可能
- [ ] 支援を受けつつ実現する自立もある
- [ ] 進学・就労には特性に合った選択が大事。環境も選ぶ
- [ ] 家庭では、生活スキルを身につけさせ、働くイメージをもたせる
- [ ] 社会的スキルは意識して習得させる
- [ ] 子どものありのままを理解し、得意なところを伸ばしていく

保護者の不安・疑問 4

どんな支援制度があるのでしょう？

　幼稚園で集団行動がとれなくて、療育センターを勧められました。療育センターとはどういうところなのでしょうか。小学校に入ると特別支援教育という制度もあると聞いています。うちの子に発達障害があるとなると、そういう特別な教育を受けるのでしょうか。社会に出て就職するときはどうなんでしょう……。

　相談はしたいし、役立つ制度があれば知りたいのですが、費用の面なども心配です。それに、普通の子どもでない扱いを受けることは避けたいのが正直な気持ちです。

 A 乳幼児期から成人期までさまざまな制度が

　発達障害のある人への支援は、乳幼児期から成人期まで長期にわたり、さまざまな制度が用意されています。最初に出会うのは、市町村保健センターで受ける乳幼児健康診査でしょう。1歳6か月児健診や3歳児健診などがあり、発達に不安がある場合、療育センター（児童発達支援センター）などの利用を勧められます。就学時期になると、就学相談を経て特性に合った学校に入学します。学校では、配慮の必要な子どもに対する特別支援教育が実施されています。学校を卒業したのちの就労にあたっては、職業訓練などの支援制度もあります。こうした制度を利用する際は、受給者証や療育手帳などの取得が必要なこともあります。

Q 療育センターってどういうところ？

A 子どもの発達支援を担う

　専門の知識・技術によって障害のある子どもの能力や可能性を引き出し、発達を支援するのが役割の機関です。発達に不安のある子どもについて相談に応じ、特性に応じた発達支援を行います。医師が常勤のところ、非常勤のところ、実質的には専門医がいないところなど、実態はさまざまです。

　先頃改正された児童福祉法では児童発達支援センターといい、新設のセンターなどはこちらの名称になっていることもあります。

　療育センターが整備されていない地域も多いので、地域によっては発達障害者支援センターや、児童発達支援事業所などの療育機関の利用を勧められる場合もあるでしょう。

Q センターではどんなことをするの？

A 個別またはグループ活動で社会的適応力を高める

　センターでは、個別あるいは10人程度のグループで、社会的適応力を高めるための指導・訓練（発達支援、療育とよぶ）を行います。

　具体的には、生活体験や設定遊びをとおし、自立した行動や社会生活に必要なコミュニケーションの力を身につけていきます。

　センターによっては医師のほか言語聴覚士、作業療法士、理学療法士、心理士などの専門職が配置されているところもあり、発達のアセスメント（評価）や保護者相談に対応します。

A 環境調整や支援方法の工夫も

　センターで行う発達支援の目的は、子どもの社会的適応を高めることです。そのため、療育活動をとおして子ども本人に生活スキルや社会的スキルを習得させるとともに、子どもの特性に合わせ、能力を発揮できる環境を用意する方法をさぐっていきます。

　そして、適切な支援で成功体験を重ねることで、子どもの情緒的安定も図っていきます。

A 保護者をサポートする役割も

　保護者も療育活動や勉強会、診療などをとおし、子どもの発達についての理解を深め、子育ての力を養っていきます。センターでの発達支援は就学前に重点的に行われますが、

就学前に受けられる発達支援

```
┌─────────────────┐    ┌─────────────────────┐
│  身近な支援を希望  │    │ 地域の中核的な支援を希望 │
└────────┬────────┘    └──────────┬──────────┘
         │                        │
┌────────▼────────┐    ┌──────────▼──────────┐
│ 児童相談所、     │    │ 療育センター（児童発達支援センター）│
│ 市町村保健センターなど│    │ インテーク（ソーシャルワーカー）│
└────────┬────────┘    └──────────┬──────────┘
    医師による意見書              診療（医師）
                                  │
                        発達評価（心理・言語・作業療法など）
                                  │
                        診療　子どもの見立て・診断（医師）
```

知的障害、発達障害、あるいはその傾向があり支援が必要な子ども

児童発達支援事業所での支援	療育センター（児童発達支援センター）での支援	外来相談
※複数の事業所での利用が可能 ○個別 ○グループ（子どもと保護者、あるいは子どものみ参加） 職員：指導員、保育士など	※児童発達支援事業所との併用が可能 ○通園：グループ（子どもと保護者、あるいは子どものみ参加） ※保育園・幼稚園と並行通園または週5日通園 職員：児童指導員、保育士など	○診療（医師） ○専門療育（個別、グループ） 職員：心理士、作業療法士、言語聴覚士など

※受給者証の取得が必要。手帳の有無は問わない。
※負担：非課税世帯は無料。市町村民税28万円未満世帯は月額上限4600円、同じく28万円以上世帯は月額上限3万7200円（いずれも1割負担）

※専門療育には、医師のオーダーが必要
※保険診療が適用される
※子ども医療費の助成あり（地域により適用年齢が異なり、収入による適用制限があるところがある）

以後の成長について見通しをもてるような勉強会や、地域の福祉サービスについての情報提供などを、継続して利用することができます。

Q 費用が心配…

A 福祉サービスの受給者証が使える

診察や言語療法・作業療法は、所得要件を満たせば子ども医療費の助成が受けられます。児童福祉法に基づくサービス（児童発達支援など）は、申請して受給者証（通所受給者証）の交付を受けると、規定の負担で利用できます。

A 療育手帳を取得すると優遇や税の減免も

療育手帳（愛の手帳など、地域によって名称は異なる）は、知的障害のある人を対象に、一貫した相談支援が受けられるようにする制度のひとつです。18歳未満の子どもは児童相談所で、18歳以上は知的障害者更生相談所で交付されます。公共機関の料金の優遇や税金の減額や免除などを受けることもできます。

IQによる区分があり、受けられるサービス内容が異なります。区分はおおむね2区分ですが、3区分4区分と細かく分けているところもあります。知的障害がなく発達障害と診断されている場合、IQがおおむね91以下であれば取得できる地域もあります。必要な診断名については地域によって異なります。

18歳未満では2年に一度（年齢が上がると年数が延びる）の更新があり、そのつど取得の可否や程度が判断されます。

A 精神障害者保健福祉手帳を取得しても

知的障害がない発達障害で、療育手帳を取

保護者の不安・疑問④　どんな支援制度があるのでしょう？

得できない場合に、精神障害者保健福祉手帳を取得できる場合があります。取得には医師の診断書と機能障害や活動が制限されているという判断が必要になります。初診から6か月以上経過していることも要件になります。

Q 療育手帳を受けると、何か不利なことがあるの？

A 取得のメリットのほうが大きい

療育手帳を取得すると完全に障害児扱いになり通常学級に入級できないのではと心配する人もいますが、実際にはそのようなことはありません。手帳取得の事実が自動的に学校に知らされることもありません。

相談支援には、多くの時間と費用をかける必要があるので、利用できる制度は利用するという考え方の家庭は多いものです。手帳を提示するだけで、交通料金やレジャー施設の利用料の割引が受けられたりもします。

ただし、給与所得者で住民税が給与天引きの場合、勤務先に知られたくないと税金の控除を受けない家庭もあるようです。

Q 学校に行くようになってからは？

A 特別支援教育が実施されている

2007年度から特別支援教育が学校教育法に位置づけられ、すべての学校にで実施されることになりました。障害特性があって支援が必要なすべての子どもが対象です（→ p.31）。

学校には幼稚園や大学、専門学校なども含まれますが、実質的な特別支援教育の充実はおもに小学校・中学校で見られます。

高等学校は選抜試験に合格した子どもが入学するという性格もあり、特別支援が浸透しにくいのが現状です。

高校生になると、ある程度自分の悩みや周囲の状況を把握し説明できるようになるので、学校以外の相談機関で本人が相談することもできるようになるでしょう。児童精神科のクリニックや発達障害者支援センターなどが対応してくれます。

A 保育所等訪問支援もある

障害特性のある子どもがほかの子どもたちとの集団生活に適応していけるよう、保育園や幼稚園などを訪問して支援する保育所等訪問支援という制度があります。子ども本人に対する適応行動の指導のほか、スタッフへの支援方法の指導などを行います。

Q 就労支援の制度もあるのね？

A 生活支援から職業訓練、ジョブマッチング、職場との連携などの支援がある

障害者支援の制度の下、仕事に就くためのさまざまな支援を受けることができます。

必要に応じて、基礎体力をつける、身だしなみを整えるといった生活支援、マナーやコミュニケーションスキルなど社会性を身につけるための支援からスタートします。

そして、実際に仕事に必要な職業訓練などに進みます。適性検査を受け自分の特性を知り、適性を見極め就労先を見つけていくジョブマッチングも重要です。

就職してからも、定着するまで職場との連携による継続支援を受けることもできます。

A 個々の状況に応じ、就労スタートを職場で支援するジョブコーチ制度

発達障害のある人は、何がスムーズにでき

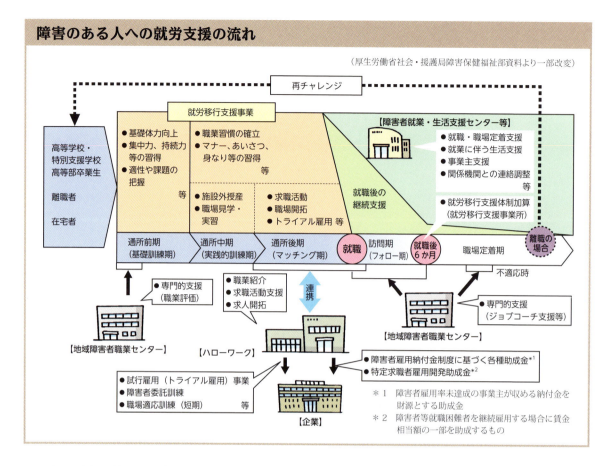

て、何に支援が必要かが一人ひとり違います。その個々の状況に応じ、おもに就労スタート時に支援するジョブコーチという専門職があります。地域障害者職業センターに配属、あるいは厚生労働省が認定するもので、発達障害者に接した経験のない受け入れ先に対しては、職務内容や配置の相談に応じ、アドバイスもします。そして、就労状況を観察しながら定着に向けて支援し、徐々に離れます。

Q 就職には手帳が必要なの？

A 障害者雇用枠での就職には必要

就労支援は、機関により手帳の取得が必須のところと、受給者証の取得だけでいいところがあります（→p.99）。障害者雇用枠（企業に対して一定割合以上の障害者雇用が義務づけられている）で就職しようとする場合は手帳が必要です。一般雇用枠での就職に比べ、ある程度仕事内容が限られますが、障害に対する配慮が受けられ、心理的な負担も小さいというメリットがあります。

A 取得を視野に入れておくといい

18歳以上でも、要件を満たせば療育手帳や精神障害者手帳は取得（あるいは継続）できます。この時期になると、手帳は社会に出るための重要なツールになります。

手帳の取得は、大人になってから急に勧められたのでは本人の抵抗が大きく、取得につながらない場合もあります。早くから取得を視野に入れ、準備しましょう。ただし、本人も十分納得したうえで申請するのが本来のあり方です。無理に勧めるのはやめましょう。

保護者の不安・疑問④　どんな支援制度があるのでしょう？

✓チェック！ 知っておきたい支援制度

- ☐ 乳幼児健康診査で発達の不安が見つかることがある
- ☐ 療育センター(児童発達支援センター)は子どもの発達支援を担う
- ☐ 療育センターでは社会的適応を高めるために支援する
- ☐ 学校では特別支援教育が実施されている
- ☐ 就労支援の制度も複数ある
- ☐ 制度利用には受給者証や療育手帳などが必要なことも

①　うちの息子は療育センター（児童発達支援センター）に通うことにしました

○○療育センター

②　「療育」の名のとおり医療と教育・保育、両面のサポートがあります

③　今日はみんなで手遊び歌やサーキットで遊んだの
そう

④　私もいろいろ相談できて、心が軽くなったわ
僕にも聞かせてよ

保護者の不安・疑問 5

どこで学ばせるのがいいの？

わが子は地域の幼稚園に通っています。幼稚園には担任の先生のほかに補助の先生がついていて、クラスの何人かの子どもを支援してくれています。小学校ではクラスの人数が増えるし、先生は担任の先生1人になってしまうので、授業やクラスの活動に参加できるか心配です。支援が必要な子どものための特別な学校や学級があると聞きますが、そういうところに入れたほうがいいのでしょうか。でも、まわりの子と差がついてしまいませんか。正直いって、通常の学級に入れたいのが本心です。

 それぞれの特長を知ったうえで検討を

　小学校に入学すると、幼稚園や保育園までと違って、先生がクラス全体に出す指示に従って行動することが求められます。また、1人の先生が担当する子どもの数が増えます。園ではごく自然に個別支援がいきわたりやすかったのが、小学校では同じようにはいきません。

　まわりの子と同じにと思うのはもっともですが、もし一斉授業に不安があるのなら、より特性に合った学びの場を探すことも考えたいものです。現在は保護者が教育を受けた時代とは様変わりし、特別支援教育の浸透とともに、支援の対象になる子どものタイプも変わってきました。より細やかに支援する体制が整ってきていますので、もしかすると、ぴったりの学びの場があるかもしれません。それぞれの特長を知り、検討してみることを勧めます。

Q 特別支援教育って、どんな教育？

A 一人ひとりの教育ニーズに配慮した教育

　特別支援教育とは、発達特性のある子どもの自立や社会参加に向け支援するため、一人ひとりの教育的ニーズを把握し、適切な指導支援を行うことをめざす教育です。

A 特殊教育から特別支援教育へ

　かつては特殊教育とよばれ、知的障害、肢体不自由などの障害のある子どもが養護学校や盲学校、聾学校、あるいは特殊学級で受ける教育のことをさしていました。

　現在では支援の対象を広げ、LD（学習障害）、ADHD（注意欠如・多動性障害）、自閉症スペクトラム障害など発達障害のある子どもも、学習するうえで、あるいは学校生活を送るうえでつまずきが生じないよう、特性に配慮した教育が受けられます。

A いくつかの学びの場が用意されている

　障害の程度や必要な支援に応じて、いくつかの学びの場が用意されています。

　特別支援学校はかつての養護学校や盲学校、聾学校ですが、障害種別を超え、発達障害も対象にして、地域の特別支援教育のセンター的役割を担っています。特別支援学級は、通常の学校に設置される、個別の支援が必要な子どものための学級です。そして、それ以外の子どものための学級が通常学級です。

Q 特別支援学校にはどんな子が入る？

A 障害別にいくつかの種類があるが、主として知的障害の重い子どもが対象

　特別支援学校は、視覚障害、聴覚障害、知的障害、肢体不自由、病弱・身体虚弱のある子どもが教育を受けられるよう、障害別に設置されています。

　特別支援学校の6割以上が知的障害のある子どものための学校です。知的障害の程度が重く、身辺自立に支援が必要な子どもが対象になります。複数の学区域の子どもを対象としているので、通学バスでの送迎があります。教員の配置数は通常学級よりかなり多く、手厚い指導支援を受けることができます。

特別支援教育が受けられる場所のいろいろ

義務教育段階の全児童生徒数　1030万人　　　（文部科学省資料、注記以外2013年5月1日現在）

特別支援学校		視覚障害　聴覚障害　知的障害　肢体不自由　病弱・身体虚弱	0.65%（約6万7000人）	3.11%（約32万人）
小学校・中学校	特別支援学級	視覚障害　聴覚障害　知的障害　肢体不自由　病弱・身体虚弱　言語障害　自閉症・情緒障害（特別支援学級に在籍する学校教育法施行令第22条の3に該当する者：約1万6000人）	1.70%（約17万5000人）	
	通常の学級	通級による指導　視覚障害　聴覚障害　肢体不自由　病弱・身体虚弱　言語障害　自閉症　情緒障害　LD（学習障害）　ADHD（注意欠如・多動性障害）　発達障害（LD・ADHD・高機能自閉症等）の可能性のある児童生徒　6.5％程度の在籍率＊（通常の学級に在籍する学校教育法施行令第22条の3に該当する者：約2000人）	0.76%（約7万8000人）	

＊2012年に文部科学省が行った調査において、学級担任を含む複数の教員により判断された回答に基づくもの

Q 特別支援学級にはどんな子が？

A 知的障害や発達障害の子どもがおも

特別支援学級は知的障害のほか、肢体不自由、病弱・身体虚弱、弱視、難聴、言語障害、自閉症・情緒障害のある子どもが対象となります（次ページの表参照）。「自閉症・情緒障害」とあるのは、実際には自閉症スペクトラム障害やADHDの子どもがおもです。

A 定員は8人、TT方式で指導

1クラス定員は8人です。「知的」あるいは「情緒障害」の区分でクラスが編成されます。両方のクラス合わせて数人から多いと20人程度の子どもが在籍する場合があり、2つのクラスを1つの教室にまとめ、複数の教員で指導する形（TT：チームティーチング方式）をとることがあります。

そして、あるときは学年別、あるときは学習進度別などの小グループに分かれて、あるいは個別に授業を進めます。ある子どもの担任は1人に決められますが、実際には担任以外からも指導を受けることになります。

Q 発達障害だと、どういう選択肢？

A 通常学級か特別支援学級を考える

特別支援学級には、知的障害の程度は中度から軽度の範囲で、日常生活動作はほぼ自立している子どもが入ります。自閉症・情緒障害の区分で入るのは、他人と意思疎通を図り対人関係を形成するのが苦手な子どもの場合です。

したがって、知的な遅れが見られない発達障害の子どもの場合、通常学級か特別支援学級を選択することが多いでしょう。

A 通常学級に在籍して通級による指導を利用する方法もある

通常学級に在籍して、週に1回程度、特別

保護者の不安・疑問⑤ どこで学ばせるのがいいの？

特別支援教育を受けている子どもの数

特別支援学級に在籍する子どもの数（国・公・私立計）　　（いずれも文部科学省資料、2013年5月1日現在）

区分	小学校		中学校		合計	
	学級数	児童数	学級数	生徒数	学級数	児童生徒数
知的障害	15,937 (46.7%)	59,738 (49.4%)	7,975 (51.1%)	30,665 (56.8%)	23,912 (48.1%)	90,403 (51.7%)
肢体不自由	1,969 (5.8%)	3,193 (2.6%)	737 (4.7%)	1,106 (2.0%)	2,706 (5.4%)	4,299 (2.5%)
病弱・身体虚弱	1,039 (3.0%)	1,794 (1.5%)	449 (2.9%)	776 (1.4%)	1,488 (3.0%)	2,570 (1.5%)
弱視	291 (0.9%)	353 (0.3%)	74 (0.5%)	89 (0.2%)	365 (0.7%)	442 (0.3%)
難聴	626 (1.8%)	989 (0.8%)	262 (1.7%)	411 (0.8%)	888 (1.8%)	1,400 (0.8%)
言語障害	461 (1.4%)	1,511 (1.2%)	101 (0.6%)	140 (0.3%)	562 (1.1%)	1,651 (0.9%)
自閉症・情緒障害	13,810 (40.5%)	53,328 (44.1%)	6,012 (38.5%)	20,788 (38.5%)	19,822 (39.8%)	74,116 (42.4%)
総計	34,133	120,906	15,610	53,975	49,743	174,881

通級による指導を受けている子どもの数（公立）

区分	小学校				中学校				合計
	計	自校通級	他校通級	巡回指導	計	自校通級	他校通級	巡回指導	
言語障害	33,305	13,375	18,738	1,192	301	117	156	28	33,606
自閉症	10,680	4,483	5,684	513	1,628	668	854	106	12,308
情緒障害	7,189	2,755	4,083	351	1,424	537	830	57	8,613
弱視	156	29	98	29	23	5	16	2	179
難聴	1,674	304	1,114	256	370	60	199	111	2,044
LD	8,785	6,031	1,999	755	1,984	1,337	422	225	10,769
ADHD	9,105	4,762	3,742	601	1,219	620	517	82	10,324
肢体不自由	19	7	8	4	7	2	0	5	26
病弱・身体虚弱	11	7	2	2	2	1	0	1	13
合計	70,924	31,753	35,468	3,703	6,958	3,347	2,994	617	77,882

支援教育のための教室に通うこともできます。これを通級による指導（通級指導教室）といいます（これに対して、特別支援学級に在籍する場合を固定学級ともいう）。

Q 特別支援学級や通級による指導は誰でも利用できるの？

A 入学予定の学校にないことも

　特別支援学級はどの学校にもあるというわけではありません。学区内の学校に設置され

ていない場合には、近隣の学区の学級を利用することになります。子どもが在籍する学校・学級は1つなので、特別支援学級に通う場合には、学区外の学校に籍を置くことになります。

通級による指導も同様で、利用したい学級が近くにない場合もあります。他校に通う際には、保護者の送迎や子どもがひとりで通うことが求められます。設置状況には地域差もありますので、地域の事情をよく調べておきたいところです。

Q 通常学級では何の支援もないの？

A 一斉授業のなかで支援していく

特別支援教育は、通常学級にいる支援の必要な子どもも対象です。子どもの特性を把握しながら、授業に参加できるように教室環境を整える、授業の流れや指示を視覚的に提示する、さまざまな学習スタイルに合わせた指導方法を準備するなどの支援があります。また、集団行動や友だちづきあいが円滑に進むようにするため社会的ルールを明確に示すなどの支援も行います。

基本的には一斉授業を前提とした支援で、一斉授業で学習に取り組めるかどうかが通常学級で学べるかどうかのポイントといえます。

A 個別の指導計画作成が制度化されている

特別支援教育を行うにあたって、子どもの実態を把握し、指導支援の目標を立て、その成果を判断することは大切です。そこで、支援の必要な子ども一人ひとりについて個別の指導計画を作成します。

子どもの実態について、学習面、生活面、対人関係という観点から整理します。また、これまで受けてきた相談支援、発達検査の結果や家庭の状況も記載します。そのうえで、学期ごとに指導目標を設定し、子どものようすの変化についてまとめます。

こうした個別の指導計画は、校内委員会や専門家による巡回相談などで活用され、次の学年に引き継がれていきます。

A 専門家による巡回相談が各校の特別支援教育を後押し

公立の小中学校では、医師、心理士、作業療法士などの発達障害の専門家が学校を訪問し、通常学級でできる特別支援についてアドバイスを行う巡回相談が行われています。

専門家が授業を参観し、子どものようすを確認しながら、適した指導支援について検討していきます。

A 「取り出し学習」などの試みも見られる

最近では、教員の自助努力で「取り出し学習（校内の別室で受ける学習支援）」を実施する学校が出てきました。これは、専科の教員などが授業の準備をする時間などをさいて、子どもの学習支援にあてているものです。国語や算数で実施される例があります。

もともと、こうした学習支援を「リソースルーム」として、公立小学校全校に位置づける計画がありましたが、実現はしていません。

Q 診断がついていないと支援は受けられないの？

A 診断がなくても支援の対象になる

特別支援教育は、特別な教育ニーズのあるすべての子どもを対象としたものです。発達障害の診断の有無にかかわらず、必要な支援をいつでもどこでも受けられるのが原則です。

保護者の不安・疑問⑤　どこで学ばせるのがいいの？

✓チェック！ 就学先を選ぶときの考え方

- [ ] 特性に合った支援が受けられる学びの場を探す
- [ ] 特別支援学校は障害別にいくつかの種類がある
- [ ] 特別支援学級は通常の学校の一部に設けられている
- [ ] 通常学級に在籍して通級による指導を利用する方法も
- [ ] 子どもの知的発達と行動面、設置状況を考え合わせる
- [ ] 診断を受けていなくても特別支援教育は受けられる

①　まずは、地元の小学校に聞いてみよう

②　こんにちは　／　特別支援教育コーディネーターの○○です

③　まずは校内を見学してくださいね　／　こちらは通常学級です　／　はい

④　うちの子もやっていけるかしら……　／　考えていかなくちゃね

保護者の不安・疑問 ❻

就学相談がこわい…

Q

　うちの子は、保育園の5歳児クラスに通っています。園の先生から、入学する前に一度就学相談を受けたほうがいいと勧められました。保育園は小さい頃からお世話になっているので子どものことをよくわかってくれていて安心ですが、小学校ではどうなるか心配です。でも、就学相談をすると、特別支援学級に行くことを決められてしまわないでしょうか。かといって、「通常学級で大丈夫」と言ってしまえるほどの確信はありません。入学して、子どものようすを見てから判断したい気持ちもあるのですが……。

①　就学相談を受けてみようと思うけど……

②　何て言われるか心配……

③　それで子どもの将来が決まっちゃうんじゃない？

④　不安で不安でー!!　とにかく行ってみようよ！

 A 順調な学校生活を始めるのにメリットは大

　何事もなく入学してほしいという気持ちと、学校生活になじむのがむずかしければすぐにでも支援してもらいた気持ちと、いずれも親心ですね。一度支援を受けたらずっと「特別な子ども」にされると迷われるでしょうか。特別支援は必要性が薄れればフェードアウトしていきます。当初の就学先にずっといなくてはいけないというものでもありません。

　就学相談は、その子にとってよりよい教育の場はどこか、相談する機会です。地域の教育のようすをよく知る相談員が対応してくれます。順調な学校生活を始めるためにどんな支援があるのか、就学相談を利用して知っておくことにはメリットのほうが大きいといえます。

Q 就学相談って、どういうもの？

A 発達の状態に応じて、適した教育環境を相談するのが目的

　就学相談とは、子どもが教育を受けるにあたって配慮が必要なこと、すなわち子どもの教育的ニーズに、就学前の段階で本人や保護者や学校関係者が気づくことができる情報交換の場です。子どもがどのような支援をどれくらい必要とするかについて検討されます。

　就学先の選別が一方的に言い渡されるものではなく、支援が必要と思われる子どもについて、その力をより伸ばすことのできる教育環境を考えていくことが第一の目的です。

A 地元の教育委員会と話し合いができる

　就学相談を実施するのは地元の教育委員会です。地域の特別支援学校、特別支援学級、通常学級で可能な支援について、正確な情報をもっています。地域の実情に応じた相談ができると考えていいでしょう。

A 指導主事や心理士などの専門家が対応

　就学相談を担当するのは、教育委員会の指導主事や心理士、医師などの専門家です。心理士が子どもの発達検査や行動観察を行い、指導主事がその結果と保護者からの情報をもとに提案していくという流れが多いようです。

　地域により、作業療法士、理学療法士などが相談員として加わることもあります。

A 入学の前年に行われる

　就学相談は、通常、入学の前年に行われます。就学前の子どもの発達はめざましく、状態が変化しやすいため、なるべく就学間近に判断しようとするものです。

Q ただ相談するだけじゃないの？

A 面談、行動観察や発達検査などを行う

　「相談」といっても、ただ相談するだけではなく、子どもの行動観察や発達に関する検査なども行われます。面談では、保護者からこれまでの生育歴を聞き、就学先をはじめ特別支援教育に関する希望を聞いていきます。

　子どもには、個別に発達検査を実施し、知的発達やその偏りを見ていきます。また、集団場面での行動や対人的な特徴を観察します。

この観察では、面談で聞き取った家庭や園でのようすと併せて、集団で学習したり学校生活を送るうえで必要な力について把握していきます。

状況に応じて、医師が診察等を行うこともあります。

A 学校見学や学校体験の機会もある

就学相談の一連の流れのなかで、特別支援学校・特別支援学級の見学や、学校体験の機会をもつことができます。地域によっては見学や体験が必須の場合もあります。

百聞は一見にしかず。たとえば特別支援学級にはどのような子どもがいて、どのような指導が行われているのかを知るいい機会です。

参加にあたっては、体験先や日時、回数が限定されることもあるので注意が必要です。

A 現在の通園先と情報交換することも

地域によっては、保護者の同意のもとで教育委員会と保育園・幼稚園とが子どものようすについて情報を交換することがあります。園から子どものようすについて調書をもらったり、実際に園に出向いて子どものようすを参観したりすることもあります。

療育機関に通園して療育を受けている場合にも、同様に情報交換がなされます。

Q 申し込むにはどうするの？

A 就学相談説明会を利用する

就学を迎える前年の4月以降、各自治体の教育委員会が就学相談に関する説明会を開催します。そこで説明される就学相談の流れに沿って申し込みができます。

就学相談説明会や就学相談については、教育委員会が窓口になり申し込みを受け付けています。各自治体の広報紙やホームページなどで教育委員会の連絡先を調べ、申し込み方法を問い合わせてみましょう。

また、保育園や幼稚園の先生も就学相談の情報をもっています。就学相談の情報が入らない場合や確認したいことがある場合には、園の先生に聞いてみるのが安心です。

A 6月頃から電話で申し込む

多くの自治体では、6月以降就学相談の申し込みの受付が開始されます。電話で申し込みができ、その後、順次相談が開始されます。

就学相談は年々希望者が増える傾向にあり、地域によっては6月に申し込んでも相談が秋以降になることもあります。早めに申し込んで、12月までには相談を受けられるようにし、余裕をもって支援の受け方を決められるようにしましょう。

A 就学時健康診断で勧められることも

就学相談は支援が必要と思われる子どもが対象となりますが、全員が受けるのが就学時健康診断です。入学予定の学区の学校で健康診断を受けるものです。次年度に就学するすべての子どもが受けられるよう、10月中に各家庭に通知され、11月までに実施されます。

就学時健康診断では、心身と知的な発達状態全般を確認します。子どもの発育を栄養状態、脊柱や胸郭の疾病・異常の有無、視覚・聴覚の疾病・異常の有無、歯科その他の疾病・異常の有無などの面から見ていきます。

この健診で、発達検査などを通じたくわしい観察が必要と判断された場合などに、就学相談を勧められることがあります。

保護者の不安・疑問⑥　就学相談がこわい…

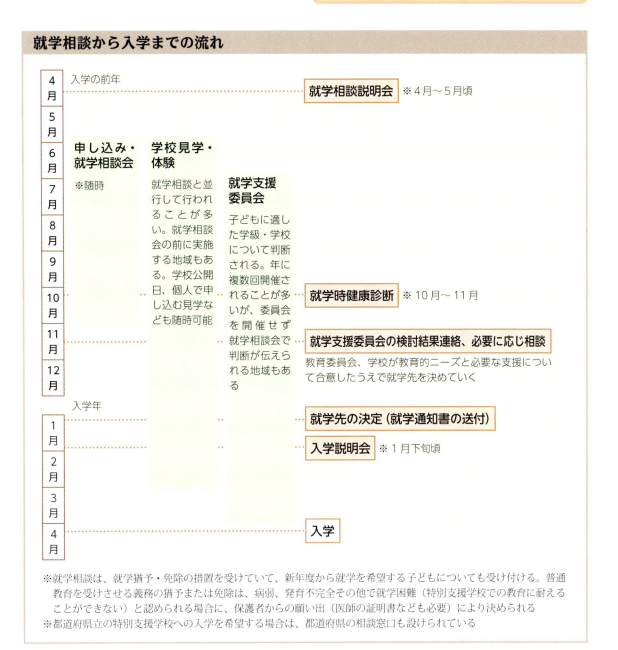

Q 就学先はどのように決まっていくの？

A 多方面から検討していく

保護者の希望、行動観察や諸検査の結果、通園・通所先の所見、学校体験時のようすなどをふまえ、就学支援委員会（就学指導委員会などの名称もある）で、どこに就学するのが適当か審議されます。就学支援委員会は、学校長、医師、学識経験者などから構成されています。ただし、この委員会を廃し、就学相談の場で審議する地域もあります。

A 就学支援委員会の検討結果が知らされる

就学支援委員会での見解が定まったら、保護者に電話や文書で連絡されます。委員会の判断に保護者の異論がなければ、事実上就学先が決まります。あとは具体的な入級の手続き、就学通知書の送付などへと進みます。

A 受け入れ態勢には地域差がある

地域によって、特別支援学級の設置状況は異なります。ほとんどの学校に設置されている場合もあれば、学区内にはないという場合もあります。設置率が高く特別支援教育が充実している地域では、特別支援学級を選択する家庭が多くなります。通級による指導も、希望者が多く子どものニーズの優先順位で利用の可否が判断される地域があります。

同じような発達の状態であっても、ふさわしいとされる就学先は地域によって異なるということです。

Q 勧められた進路は絶対なの？

A 保護者の意見は最大限尊重される

就学先（小学校）の決定には保護者（本人）の意見が最大限尊重されます。就学前の子どもは、自分の力や未知の学校生活について予測や判断が十分にできないため、保護者の意見が大きく反映されることになります。

就学相談の判断は、指導主事、心理士、医師などが子どもの教育的ニーズを専門的にとらえ、学校で必要な支援について見極めた専門家の意見です。最終的には、保護者との合意形成のもと、専門家が決定するのが適当です。

A 希望を通すのがむずかしいことも

たとえば、就学相談で特別支援学級との判断が出たのだけれど、保護者は、通常学級入学と併せて、通級による指導の利用を希望しているとします。この場合、通級指導教室に行っている間の在籍級の授業の補習が困難などの理由から、通級による指導を受けることはむずかしく、通常学級でできる支援を受けながら学ぶことになるでしょう。

最近では、特別支援学校や特別支援学級の在籍者が大変多くなり、教員や教室を増やしたり新たな学校を設置したりして受け入れ数を増やしてきています。一方、地域によっては、特別支援学級を希望しても通常学級を指定されたり、特別支援学校を希望しても特別支援学級を勧められたりすることもあります。

A 就学相談は受け直すことができる

就学相談は1回で終わりではありません。就学後には教育相談という形で学ぶ場所について相談できますし、必要があれば就学前に再度申し込むこともできます。

Q 相談時の情報は学校に渡るの？

A 基本的に入学先に渡る

就学相談で得られた情報は、保護者に同意を得たうえで学校に伝えることになります。就学相談の過程で学校での相談が必須の場合は、おのずと伝わることになります。

特別支援学校や特別支援学級に入学する場合、教育委員会は情報を学校に伝達する義務があります。就学先以外にはもれないよう守秘義務は守られます。通常学級を選択し、どうしても情報を学校に伝えたくないという場合には、情報が伝達されることはありません。

A 伝えておいたほうがスムーズ

相談時の情報は、子どもの学習面や生活面での支援を考えるにあたって重要な資料になります。情報伝達はできたら進んでしたいものです。発達特性や必要な支援について学校が事前に知ることで、学級編成や人員配置の配慮ができます。家庭での事前準備にあたり、学校の協力が得られることもあります。

保護者の不安・疑問⑥　就学相談がこわい…

 チェック！　就学相談のとらえ方

- ☐ 子どもにとってよりよい教育環境を相談する機会
- ☐ 入学前年の春から順次相談できる
- ☐ 就学時健康診断で勧められることがある
- ☐ 多方面の検討を経て教育委員会が就学先を判断
- ☐ 保護者の希望は最大限尊重されるが希望が全部通るわけでもない
- ☐ 相談時の情報は入学する学校に伝えられる

保護者の不安・疑問 ⑦

就学相談を受けるとき気をつけることは？

わが家では就学相談を受けることにしました。就学相談では、発達検査などで実際に子どものようすを見てもらえると聞いています。また、保護者からは日頃の家や園でのようすを話したりするようですね。はじめての場所で、子どもがちゃんと検査を受けられるか心配です。また、親として子どものことをしっかり伝えられるようしなくてはと思っています。

就学相談を受けるまでに、どのようなことに気をつけ、準備したらいいでしょうか。

 有意義な相談になるよう早めに準備を

就学相談で大切なことは、子どものありのままの姿を知ってもらうことです。はじめて来た場所では、ふだんできることができなくなってしまうということも、子どもの特性のひとつです。はじめての場所は苦手であることを伝え、それをふまえて対応してもらうといいでしょう。ほかの点も、伝えたい内容をあらかじめ整理し、リストアップしておくと安心です。

相談に先がけて家庭内で話し合っておくことも大切です。希望する就学先について、望む支援内容について、相談しておきます。日頃の子どもの姿を知る人の意見を聞くのも有益です。

Q どんな心づもりが必要？

A 子どもの状態をどう見るか、就学先としてどこを希望するか、話し合っておく

就学相談では、たいてい最初に就学先の希望を聞かれます。そこで、子どもの日頃のようすを家族で整理して、就学先としてどこを希望するか話し合っておくといいでしょう。

集団場面で一斉指示を理解し行動できるか、まわりの子と遊べるか、身辺自立はどれくらいできているかなどを確認していきます。そのうえで、通常学級でやっていけそうか、特別支援学級で少人数のなか指導してもらうのがよさそうかなど検討していきます。

小学校入学は、家族の一大イベントです。しかし、入学前に保護者が得られる学校の情報は多くはありません。長い期間のなかの1つの通過点という意識で、過大視しすぎないことも大切です。話し合っても家族で意見が違うときは、無理に決めてしまわず、それぞれの意見を率直に伝えてもかまいません。

A 子どもの状態を客観的に把握しておく

就学相談の前に、調査書に記入し提出することになっている自治体があります。希望就学先のほか、これまでの相談の有無や相談経過、ことばの理解・表現、行動面・運動面など発達のようす、保育園・幼稚園の集団場面でのようす、発達検査を受けたことがある場合にはその結果などを書くことになります。

調査書を事前に提出しない場合でも、面談では同じ内容を聞かれます。日頃から子どもの状態をなるべく客観的に把握し、具体的に答えられるよう準備します。

Q 保育園・幼稚園とも相談すべき？

A 通園している園にぜひ相談を

入学後の子どもの姿に近いのは、家庭より保育園や幼稚園でのようすです。園では、たくさんいる子ども集団のなか、先生の指示やルールに沿って行動する必要があるからです。就学相談を受ける前に、園の先生に子どものようすを教えてもらうようにしましょう。

また、担任だけでなく、園長先生などに就学相談を受けることを伝えると、就学相談の流れや内容について教えてもらえるでしょう。

A 地域の実態にも通じている

どの学校・学級を選択するのがいいかは、

子どもの状態だけでなく、住んでいる地域の特別支援教育の体制によっても異なってきます。たとえば、特別支援学級や通級指導教室の設置率が異なっており、実際通える場所にあるかどうかといった現実問題によって、就学先を決めざるを得ないこともあります。

就学相談でも地域の実態を教えてもらえますが、事前に家族の意向をまとめておくために、園の先生に相談してみるといいでしょう。

A 小児科医など話しやすい人に相談も

就学相談ではじめて子どもの発達について話す場合には、どのように相談が進んでいくのかわからず不安を感じるのも当然です。子どもを小さい頃から見てくれている存在として、小児科のかかりつけ医がいるのではないでしょうか。発達についてもくわしいので、相談にのってくれるかもしれません。

小さい頃からのようすを具体的に共有していくうちに、子どものことを他人に伝える話し方も見つけられるでしょう。

A 療育センターなどでも相談できる

療育センター（児童発達支援センター）をはじめ、療育機関をすでに利用している場合には、そこで相談することもできます。

療育機関は特別支援学校や特別支援学級、通級指導教室などと連携をとっていることもあり、地域の子どもがどこでどのように指導を受けているか把握しています。そうした実態をふまえ、支援する側からの意見を聞かせてもらえるでしょう。

Q 一度進路を決めたら入学後の変更はできない？

A 必要に応じて変更できる

通常学級から特別支援学級、特別支援学級から通常学級、特別支援学校から特別支援学級へと、入学後の子どもの状態の変化に合わせて学ぶ場所を変えることができます。その場合には、再度の相談が必要になります。

「特別支援学級に入ると通常学級に進路変更できない」という話を耳にすることがあるかもしれません。通常学級に移るのを希望する子どもが少ないことによる、根拠のない噂にすぎません。制度のうえでも変更は可能です。

特別支援学級に在籍中、一部の授業を通常

Column 特別支援学級担任にはそのための免許があるの？

現在、特別支援教育に関する教員免許は、特別支援学校教諭免許状のみです。特別支援学校の教員は、幼稚園、小学校、中学校または高等学校の教諭免許状のほか、この免許状をもっている必要があります（ただし、当分の間はなくても従事できる）。特別支援学級の担任や、通級による指導を担当する教員については、特に必要とされていません。特別支援学級担任の特別支援学校教諭免許状保有率は、小学校で33％ほど。免許状保有率向上のため、文部科学省では教育職員検定での取得を促しており、各都道府県・指定都市教育委員会が、認定講習を開くなどしています。

一方、学会やその関連機関が認定する資格があり、自主的に研鑽を積んで、これらの資格を取得している教員もいます。特別支援教育士（LD、ADHD等のアセスメントと指導の専門資格）、自閉症スペクトラム支援士、学校心理士などがあります。

学級で受ける交流の時間をもつことができます。学校との話し合いのうえできることですが、特別支援学級に在籍し、交流で通常学級に行く時間が増え、やがてほとんどの時間を通常学級で活動する、このような経過を経て、通常学級に移る場合もあるようです。

A 通常学級から特別支援学級に移ることも

通常学級から特別支援学級に移ることもあります。軽度の知的遅れがある場合、はじめのうちはなんとか通常学級で努力できても、どうしても理解が追いつかない、一度覚えてもすぐ忘れてしまうなど、まわりの子どもとの差が開いてくることがあります。また、コミュニケーション力や想像力の弱さがある場合、徐々に、話し合い活動や国語の読解、作文などの困難となって現れることがあります。

このような場合は、学習に対する意欲を失わないうちに、特別支援学級に移ることが賢明なこともあります。

A 通常学級に在籍し、入学後必要に応じて通級による指導を利用することも可能

通常学級に在籍していて、なんらかの支援が必要とわかってきた場合には、途中から通級による指導を利用することができます。ただ、希望者が多く、最近では、学年を追うごとに利用できる頻度が減ったり、高学年では利用できなくなったりする地域もあります。

入学後の変更についてくわしくは、Q10（→ p.60）を参照してください。

Q 家族で意見が分かれたらどうする？

A 環境選択のポイントをはっきりさせる

特別支援学級を選択するのに抵抗があるのは、特別支援学級を利用する子どもの多様な事情を知らずにいるからかもしれません。特別支援学級にいるのは、知的障害があり通常学級での学びでは不十分な子どもや、周囲に合わせて行動することが極端に苦手で、成功体験を積むのがむずかしい子どもです。

発達障害の子どもの場合は、加えて軽度の知的障害がある、または発達障害の特性が重いというときに、特別支援学級を選ぶことが多くなるでしょう。

子どもにとって大切なのは、教科学習や集団活動に必要な条件がととのっている環境を選ぶこと。これが選択のポイントです。

通常学級にいても、授業内容を理解できず板書を書き写しているだけといった「表面的には問題がない」状態は、けっしていい状態とはいえません。必要な支援が受けられる環境であることが大切です。

A 家族といっしょに園や学校の見学を

保育園・幼稚園と家庭とでは子どものようすが異なることがあります。集団での行動を知るために、園に子どものようすを見にいくと、就学先を選ぶのに非常に参考になります。

特別支援教育がどのようなものであるのかについては、見学に行くとイメージしやすくなるでしょう。特別支援学級で学ぶ子どもの発達の状況はさまざまですが、支援はそれぞれに対してなされています。指導のイメージが具体的にもて、子どもに対する効果が期待できると、まわりの子どもとの違いは大きな問題ではなくなるはずです。

場合によっては家族で何回か学校に見学に行きながら、子どもに合った就学先について話し合いを重ねていきましょう。

Q 祖父母や父親が強く反対する…

A 子どもに適した進路を最優先して

祖父母がイメージする特別支援教育を受ける姿は、重い知的障害のある子どものものかもしれません。特別支援学級の設置率が高まり、知的障害のない子どもが特別支援学級に在籍するようになったのは、つい最近のことです。

話し合いを進めても祖父母の考えが変わらない場合、子どもに最も望ましい教育環境を用意することを優先しましょう。祖父母の納得を待っていては、子どもに適さない学校生活を長く送らせることになるかもしれません。

A 家族間の「温度差」を縮めるために

母親がおもに子育てを担い、父親が仕事に忙しいという家庭は多いものです。そういう場合、父親は母親ほどには子どものことを心配していないことがあります。家庭以外での実態を知らずにいるせいかもしれません。

母親がひとりで抱え込まず、園での子どものようすや就学後の心配を、家族に伝えていくことから始めてみるのがいいでしょう。機会があれば父親にも園の行事に参加してもらい、子どものようすを知ってもらいましょう。

Q それでも、判断がつかない場合は？

A 子どもも保護者も安心できるほうを選ぶ

いろいろ検討を重ねても、なかなか最終的な決断にいたらないことがあるかもしれません。特別支援の大切さがわかったとしても、特別支援を受けることをためらう気持ちがあるのでしょうか。

このようなときには、「子どもにとって何がいちばん大切か」を今一度考えてみましょう。安心して通えるところはどこでしょうか。

保護者の安心も大切です。特別支援教育が必要だと判断しても、それは親の育て方が失敗したせいではありません。責任を背負い込むより、理解し協力してくれる先生や周囲の人と、力を合わせて子どもを育てていけるほうが心強いのではないでしょうか。

A 「ベスト」でなくても「ベター」を選ぶ

決断には、子どもの発達のようすだけでなく、地域の事情や、保護者がどこまで手助けできるかという家庭の事情などを、総合的にとらえていく必要があります。

通常学級では心配だけれど特別支援学級に行くほどの支援は必要でない、通級による指導を利用したいけれど、送迎が必要で保護者の仕事の関係で連れていけないなど、ベストな選択ができない場合もあるでしょう。

進路は、その時期に1つしか選べません。できるだけ多くのメリットとデメリットをリストアップして、少しでもメリットの多い進路を、家族が納得して選ぶようにしましょう。

A 継続的に検討していく

子どものようすも学ぶ環境も、次第に変化します。学年が進み、ひとりですることや、子ども同士で話し合って決めることなどが求められるようになると、まわりとの差が大きくなり、より多くの支援が必要になることがあります。逆に、子ども自身が成長し、それまでの支援が必要でなくなることもあります。

どこで学ぶのがいいか、一度決めたらそのままというのではなく、折にふれ検討し、必要に応じ相談を受けるようにしましょう。

保護者の不安・疑問⑦　就学相談を受けるとき気をつけることは？

✔チェック！ 就学相談に向けての準備

- ☐ 家庭内での相談を十分に
- ☐ 養育歴、検査結果など客観的な情報を整理しておく
- ☐ 保育園・幼稚園、療育センターとも事前に相談する
- ☐ 入学後も継続して相談するつもりで
- ☐ 意見が分かれたら子どもの教育環境を優先する
- ☐ ベストでなくてもベターな選択を

① はるとの就学先は、私たち親が子どもの状態をきちんと把握し

② 保育園、療育センターとも相談し、その後就学相談を受け

③ 特別支援学級に決まりました

④ ひとまず、ほっとしたわ／子どもの状態に合わせて学ぶ場を変えられるんだね

保護者の不安・疑問

8

就学までにしておくことがある？

Q

　うちの子どもは、新しい場所で見通しがもてないとパニックになってしまいます。慣れてくるとまわりの子どもと同じように行動できるのですが、できるときとできないときのギャップがものすごく大きく、保育園でも不思議がられました。

　小学校は通常学級に入れようと考えていますが、慣れるまでにどれくらい時間がかかるのか心配でなりません。親として、就学前に何を準備しておくといいでしょうか。

 できる・できないを見極め、伝える準備を

環境の変化に弱いけれど、見通しがもてると問題なく落ち着いて取り組めるのですね。こうした特徴を事前に伝えておけると、学校でも前もって先の見通しを示すなど、支援することができます。就学にあたって保護者ができることとして、このような特徴を伝えるための準備が挙げられます。なるべく客観的に、具体的に伝えられるように心がけます。何ができて何ができないのか、できないことはどう支援すればうまくいくのか、整理しまとめておきます。その過程を家族で共有し、学校側に何をお願いするかの相談もしておきましょう。

Q 何をどのように整理すればいいの？

A 子どもの状態を客観的に見直してみる

家庭では、日頃の積み重ねから、子どもが自分でできないことをごく自然な形で誰かが支援しているものです。その状態を、一度客観的に見直してみましょう。

日常の生活動作やスキルについて、ひとりでできるか、手伝えば（声をかければ、一部を手伝えばなど）できるか、できないか、確認していくのです。

A 学校生活で求められるスキルについて確認する

ある程度自分のことは自分でできることが前提になっているのが通常学級です。たとえば、着替えはひとりでできますか。学校までひとりで通えそうですか。また、時間が来たら行動を切り替えることができますか。

学校生活で求められる、このようなスキルについて確認しましょう。

A 園でのようすもよく聞いておく

通常学級では、多くの時間が集団活動です。したがって、たとえば一斉指示に従えるか、わからないときに先生に聞くことができるか、順番を待つことができるか、ほかの子どもと物の貸し借りができるか、競争で負けても受け入れることができるかなどのスキルが求められます。

家庭ではわかりにくいことなので、保育園・幼稚園でのようすをよく聞いて、小学校でもうまくいきそうか確かめることが大切です。

A 就学までに身につけさせる試みを

むずかしいことを子どもにがんばらせて、今すぐできるようにというのには無理があります。現時点で何ができて何ができていないのか把握しながら、必要に応じて身につけられるよう支援していきましょう。

Q ひとりでできない場合はどう考える？

A 工夫できることを探す

着替えがむずかしいようであれば着替えやすい衣服を準備する、行動を切り替えるためにタイマーを使って練習するなど、家庭でできるところから取り組んでいきます。

手伝ってほしいときには「お願いします」と言えるように促していくと、学校でも先生

にお願いすることにつながるでしょう。

そして、なるべく自分のことを自分でできるように、使いやすいものを準備するといいでしょう。

また、園とは違って、たとえば体調が悪いときに自ら訴えるなどのスキルも必要になります。こうしたスキルは少しずつ慣れさせ教えていきます。

A 登下校が心配なら相談しておく

入学して大きく変わるのは登下校です。通常学級では、子どもがひとりであるいは班で集団登校することが求められます。学校やPTAが主体となって近所の子どもたちの班をつくります。4月中はPTAの役員がそばについて登校することもあります。

どういうシステムになっているかは、あらかじめ学校に問い合わせると教えてくれます。状況次第では保護者同伴で登校することもできるので、相談するといいでしょう。

下校の際は、学校に残ることなく一斉に下校させるのが一般的で、班での下校はごくまれです。子どもがひとりで帰ってくることもありますので、通学路に危険な箇所がないかも確認しておきましょう。

A 行動の切り替えがむずかしい場合

時間割に沿って行動を切り替えられるようになっておくことは、学校生活に向け大切です。そのために家庭でどんな準備ができるでしょうか。

たとえば、本を読み始めるときに読み終える予定のページにしおりをはさむ（必ずそこでやめる約束にする）、歯ブラシを渡すことで遊びを終えて歯磨きをする合図にする、などが考えられます。

Q 通常学級や特別支援学級など、進路別にさせておくことはある？

A 基本的に家庭でしつけることは同じ

進学先が通常学級であっても特別支援学級であっても、家庭で子どもにできるようにめざすところは同じです。身辺自立、うまくできないときに手助けを求め、わからないときに相談するコミュニケーションなどです。

できそうなところから取り組んでいきます。

A ルールを守ることを教える

小学校に進むと、集団生活への適応がさらに求められます。ルールを守ることも大切になります。

家庭においても、ルールを明らかにし、子どもに伝えて守るようにさせていきます。あれもこれも我慢させるということではなく、「片づけをしてから夕ご飯」「夜、歯みがきをしたあとは、何も食べない」などを日々守っていくということです。

家庭でのルールをしっかり守れるようになることが、学校のルールに従うことにつながります。

A 徐々に昼寝をなくす

就学前の子どもはほとんど昼寝をしますが、小学校に入ると、朝から15時ぐらいまでは通して活動することになります。徐々に、昼寝なしですごせるようにしていきたいものです。

休日などは、多少ぐずったとしても昼寝は30分以内で切り上げて、夜まとめて寝る習慣をつけるようにしましょう。

A 信頼関係の基礎を築く

生きていくうえで第一に必要なのは、人と

の信頼関係です。小さい頃、大人から基本的な安心感を得られ、一貫したしつけがなされて、はじめて、子どもは人への信頼関係を築くことができるのです。

家庭では、子どもが安心してすごせる環境を保障します。

Q 学校にどの程度伝えるのがいいか、わからない…

A 伝えることは大切

前もって子どもの特徴を伝えると、学校でも子どものようすをイメージしやすく、入学後すぐに指導支援を開始することができるでしょう。家庭や園でのようすを場面ごとに伝えると特に有益です。

家庭や園で、できていることだけでなく、うまくふるまえないときに、保護者や園の先生はどのように対応しているのか、トラブルのあとに、子どもはどのようにして気持ちを切り替えることができているのか、などを伝えていくようにしましょう。

A 学校の指導態勢を知っておく

子どもの特徴を知らせたとしても、担任の先生が支援できることには限りがあります。保護者が心がけたいことのひとつに、通常学級で先生がどのように一斉指導をしているのか、個別に支援をしてもらえるのはどれくらいのことなのかを、知っておくということがあります。

見学に行くと、先生が一斉指導をしながらさり気なく個別に支援をしている姿に出会えます。現場を見ることで先生に何をどれくらいお願いできるのかわかってきます。

場合によっては、通常学級でみんなといっしょに学習したり活動したりすることがむずかしいという判断につながるかもしれません。そういうときは、特別支援学級を選ぶことを考えましょう。その結果、その子に適した学校生活がスタートできるでしょう。

A 機会をとらえて学校見学を

就学相談の過程で、希望すれば学校見学ができるようになっています。また、オープンスクールなどと銘打って、学校を一般に公開する日を設ける学校が多くなりました。情報が得られたら利用して、なるべく何度も学校に足を運ぶようにしましょう。

1回だけでは学校のようすがよくわからない場合もあります。運動会など参観できる行事がないか、学校に問い合わせるのもいいでしょう。機会をとらえて複数回見学をしてみると、園と学校の違いが具体的に見えてくる

Column 心配のしすぎにご用心

発達の凸凹があり、何かとつまずきやすい子どもの場合、「失敗させないよう予防を心がけること」は重要です。支援するうえで大切な考え方です。でも、失敗を恐れるあまり学校への要望が多くなり、何もかも求める形になってしまっては、学校といい関係をつくることがむずかしくなる恐れがあります。また、挑戦する機会を子どもに与えることも必要です。過剰な心配になっていないか確認しながら、学校の先生の指導支援を見守ることも大切と心得ておきましょう。

でしょう。

Q 父親は伝える必要はないという意見

A 家族の共通認識にしておく

　子どもは何がどこまでできるのかについて、家族で共通見解をもっておくことは非常に重要です。日頃からよく話し合って、子どもの状態を確かめておくようにしましょう。

　子どもの見せる姿は、家族によって異なることもありますので、結果として見解が異なる場合があります。母親には頼りがちで、自分でできることも母親の前ではしないかもしれません。その逆に、父親に対し必要以上に頼る場合もあるでしょう。

　こういう事情を割り引いて、冷静に判断したいものです。

A コンスタントにできるか、という視点をもつ

　先に述べたように、家庭と園とでようすが異なることもよくあります。家庭でできることも、集団の場面ではできないということもあるのです。保護者が見ていなくても、どんな場面でもコンスタントにできるか、という視点をもつことも大切です。

　学校に保護者がついていくことはできないので、こうした視点の大切さを父親にも伝え、共通理解を深めていきます。

Q 保育園・幼稚園から学校への引き継ぎはしてもらえる？

A 保育園・幼稚園に依頼を

　最近は、幼保小連携の一環で、入学前に園児が小学校を訪問して交流する機会を設けたり、小学校教員の幼稚園への訪問を増やしたりして、入学時のギャップを減らそうとする試みが見られます。しかし、個人情報保護の観点から、子ども個々の園でのようすを保護者の了解を得ずに小学校に伝えることはしていません。

　園でのようすを学校に伝えることは、効果的な指導支援を学校に引き継ぐのに有効です。園からも申し送りをしてもらえるよう依頼してみましょう。

Q 療育センターでの活動については？

A 通園の個別支援計画を学校へ

　療育センター（児童発達支援センター）と学校とは連携を図っていることもあります。療育センターの担当者に、療育のようすを学校に申し送りしてもらえるか尋ねてみるといいでしょう。

　個別支援計画を作成してもらっている場合には、個別支援計画をもって申し送りができます。個別支援計画は、療育での子どものようすや効果的な支援について記載されているので、学校が子どものようすを把握するにあたり、いい資料となります。

A サポートブックの活用も

　新しい支援者に子どものことを知ってもらうために、本人に関するさまざまな情報（特徴や接し方、支援方法など）を手作りでまとめた冊子を、サポートブックといいます。いわば、その子専用の支援の申し送り書です。

　このサポートブックを作成して、学校の先生に渡すのもいいかもしれません。療育センターで相談しながら作成することもできるでしょう。

保護者の不安・疑問⑧　就学までにしておくことがある？

✓チェック！ 就学までにしておきたいこと

- ☐ 子どもは何ができて何ができないのか、整理する
- ☐ 学校生活に必要なスキルが身につくよう試みる
- ☐ 工夫できること、事前に確認できることをする
- ☐ 学校の指導態勢を知っておく
- ☐ 子どもの状態・伝える内容について家族で話し合う
- ☐ 保育園・幼稚園、療育センターに引き継ぎを依頼する

保護者の不安・疑問

9

学校との協力体制はどうしたら?

通常学級に入れる予定です。療育センターに通っていた先輩からは、「どんどん学校に主張していかないと」と言われます。授業についていけるのか、お友だちとうまくかかわれるのかなど、気になることはつきません。子どもが困っているようであれば、先生にわかってもらいたいものです。でも、要求ばかり押し通すと、モンスターペアレントと思われてしまうのではと考え、迷います。学校には、どこまで、またどのように、親の思いを伝え、かかわっていけばいいでしょう。

①

②

③

④

⑤

新たなおつきあい、上手に役割分担を

　小学校では、クラス全体に各教科を教えていくことが担任のおもな役割です。そして子どもには、クラス全体の動きに合わせ行動することが求められます。これまでしてもらった支援を学校でも継続できればと、保護者であれば誰しもが願うことですが、物理的にむずかしいことは理解しておく必要があります。小学校の基本的な役割と入学したクラスの状況を理解しつつ、学校に託すこと、家庭で受け持つことをわきまえれば、いい関係が築けるでしょう。これまでとは違う新しいおつきあいが始まる、そう考えて連携の形をさぐりましょう。

Q 保育園・幼稚園とは体制が違うっていうけど、どう違うの?

A 1人の先生が受け持つ人数が多い

　多くの小学校では、1クラス40人(1年生は35人)を最大人数とし、1学年の総人数によってクラス数が決まります。したがって、学校によって1クラス20人程度であったり、40人近くであったり、ばらつきがあるのです。

　いずれにしても、それだけの人数を受け持つ、担任の先生は1人です。

A 集団行動ができるのが前提

　したがって、先生は、子どもたちが集団行動ができる前提で指示を出します。そのうえで、個別の支援が必要な子どもに対応していきます。理解しておきたいのは、この点です。支援が必要な子どもに対応しないわけではないのです。しかし、1対1での対応を常に望めるわけではないということを知っておく必要があります。

A 45分単位で活動が切り替わる

　学校生活は時間割に沿って進みます。授業などの活動はほぼ45分単位に区切られ、休み時間をはさんで切り替わっていきます。この切り替えに対応できないと、みんなと同じ活動ができなかったり、結果として授業についていけなくなったりします。

Q どんな協力ができる?

A 家庭ができる役割を果たす姿勢を示す

　学校の先生と上手に連携していくために大切なことは、実は役割分担です。保護者が家庭でできる役割を果たしていく姿勢を示していくと、担任も励まされ、保護者の期待にこたえようという気持ちになれます。

　持ち物の準備や宿題など、家庭で支援できることをしっかりしていくと、子どもに学校生活を送る準備がととのいます。不器用なところがあるなら太めの鉛筆を用意する、忘れっぽいようなら持ち帰るもののリストをランドセルの裏側に貼る、などを試みてみましょう。

　保護者は学校で直接子どもを手伝うことはできませんが、家庭での取り組みは着実に学校での生活に反映されます。

A 部分だけを見ての判断は避ける

　学校での子どものようすを全部知ることは

できません。学校でかいま見た子どものようすにとまどうことはあるでしょう。たとえば、クラス全体の指導は進められていて、わが子はついていけず、先生がすぐ対応してくれないようすなどを見てしまうと、先生は子どもに対応してくれているのか心配になってしまいます。こういうとき、心して、部分だけを見て判断するのは避けるようにしましょう。

A 担任の考えや方針を確かめる

クラス全体を指導しながら個別支援がなされることを念頭に置き、「子どもが何をどこまで全体といっしょに取り組み、何を個別に対応してももらうのか」担任の先生の支援の方針について確かめていくといいでしょう。

教育にはねらいや目標があり、それに沿って、先生は子どもに対応しています。保護者からは見えない専門的な見地で対応する場合もあります。こういった理解も必要です。

Q 何かあれば連絡をもらえる?

A 連絡してほしいと伝えておく

子どもは学校でのようすを保護者に伝える際、必ずしも的確に伝えられるとは限りません。学校で本人が困っていること、学級活動の妨げになるようなことがあった場合、ぜひ教えてほしいと伝えておくといいでしょう。保護者が学校と連携する意欲があるとわかれば、先生としても安心です。

どの程度連絡が来るかは先生によりまちまちです。細やかに連絡をくれるのかそうでないのか、見定めつつ、まずは待ってみましょう。

A 率直に学校でのようすを尋ねる

小学校に入ると、保育園・幼稚園のときほどには子どものようすがわからず、不安に思うのは多くの人が経験することのようです。

子どもも成長して、親の心配をよそに困難を乗り越える力がついていくのかもしれません。活動のなかで生じる困難も、先生の見守りや支援で乗り越えられているとすれば、そのつど報告する必要はないのかもしれません。

率直に先生に尋ねてみてはどうでしょう。大きな問題はなくても、気になるところはあるのかもしれません。それを教えてもらい、保護者が心配なことも伝え、共有しましょう。また、小さな出来事にどう対応しているか聞いたうえで、家庭で子どものケアが必要なときに連絡をもらえるよう、お願いしましょう。

Q 療育でしてきたことがよかったのに…

A 場面が違えば支援も違うと心得る

療育で受けた支援は子どもにとって必要なものだったのでしょう。それなりの効果を実感しているとすれば、学校でも続けて同じようにしてもらいたいと願うのはもっともな話です。でも、その要求はひかえておきましょう。

学校は、保育園・幼稚園とは異なるように、療育機関とも異なります。場面が違えば支援も違うと理解し、まずは学校での指導支援に任せましょう。これまでの支援にこだわりすぎないことが大切です。

A 伝えるなら比較せず伝える

試してほしい対応方法があるとき、「療育センターではこうしていました」と、比較して前のほうがよかったという論法で伝えるのは得策ではありません。「学校では療育とまったく同じことはできない」という返事が返ってくるのは目に見えています。

今の学校での姿を先生と具体的に確認しながら、必要な支援をともに考えていくようにしましょう。「苦手なこの部分は、こう支援してもらって効果があったことがあります」というような表現で伝えてみます。先生が支援ニーズに気づけば、保護者の意見を参考に学校でできる支援を検討してもらえるでしょう。

Q サポートブックを渡してもいい?

A 最初は簡単なものを渡す

入学してすぐ、新学期が始まってすぐなどのタイミングで多すぎる情報を渡すと、先生の視点で子どもを客観的に観察していくことがむずかしくなったり、保護者との連携を負担に感じてしまったりすることがあります。

まずは最低限のシンプルな形で渡しましょう。A4判の用紙であれば多くても3枚程度をめどにしてみます。負担にならないよう配慮することで、連携がスムーズに始まるでしょう。

A 折を見て改訂版を渡しても

子どもの状態は刻々と変化します。入学後しばらく経ってからわかることもあるでしょう。サポートブックは一度つくったら終わりではありません。子どものようすに変化が見られたら、折を見て改訂版を作成しましょう。

先生の協力も得て、学校と家庭でわかってきたことを新たに書き加えていくことができれば、連携はよりいっそう深まります。

Q スムーズなコミュニケーションには?

A ねぎらいの気持ちをもつ

学校の先生に求められる業務は多岐にわたっています。以前は養護学校(現在の特別支援学校)や特殊学級(現在の特別支援学級)でのみ行われていた特別支援は、特別支援教育の本格的スタートにより、通常学級で全体指導と並行して行うことが求められています。小学校における英語教育も導入され、また、学力向上の成果も求められています。年を追うごとに、業務が増えてきているのです。

保護者が願うほどにわが子への支援が充実していないと感じたとしても、まずは、日々の業務と労に対して、ねぎらいの気持ちを忘れないことが大切です。

A 主張は上手に、相手の立場を考えて

相手すなわち学校の状況を理解したうえで上手に主張することを考えましょう。相談ごとなどで、直接、担任の先生と話をしたいときは、まずは電話連絡をして　都合を聞き、アポイントをとる、という手順をふみましょう。

また、要望があるときは、「○○してください」と直接的に言うのでなく、「○○という方法はいかがでしょうか」と、提案の形で伝えるのがいい方法です。率直に思いを伝えるときも、「私はこう思うのですが、どうでしょうか」「先生はどうお考えですか」など先生の意向を尋ねながら話を進めることが大切です。

Q 家庭でのルールと学校で教える方法が違うときは?

A 神経質になりすぎない

あいさつをする、靴を脱いだらそろえる、使ったものはもとの場所に戻すなどのルールは、家庭にも学校にもありますが、実際の方法やタイミングは場所によって違ってくるのは当然です。家庭でタイミングよくできるようになれば、学校では学校のルールに沿って

動けるようになります。あまり神経質にならず、ようすを見ましょう。

A なるべく同一ルールにする

家庭では、食事を残しても次の機会に食べるよう保存できます。食べる量を自分で決められなくても問題にはなりません。学校ではこの判断が求められます。多くの学校では、苦手で食べられない、多すぎて残しそうというとき、自主的に減らせる決まりになっています。家庭でもこのルールを取り入れると、学校で困らず、判断できることでしょう。

また、多くの学校では、飲んだあとの牛乳パックは各自すすいでたたませます。こうしたことにも、家庭でも取り組み、経験させておくといいでしょう。

A 「学校では○○」「家では○○」とパターン化する、困るルールは対応を相談

何もかも学校のルールに合わせるというのは無理なこともありますので、その場合はそれぞれでのルールをパターンで身につけさせるようにします。たとえば、脱いだ靴は「学校では靴箱へ」「家ではそろえて端に置く」、上着は「学校ではたたんでロッカーに入れる」「家ではハンガーにかける」というようにです。

また、子どもの特性によっては従うのがむずかしい学校のルールがあるかもしれません。たとえば、感覚の過敏があり、手が汚れるのを極端に嫌う子どもの場合、給食が終わってからでないと手を洗えないというルールは苦痛です。家庭でしている方法を学校でも許可してもらうといいでしょう。家庭では食事中ウェットティッシュを使うなら、学校でもそうしていいと認めてもらうなどです。

Q 担任以外の人の協力もあるといい…

A 特別支援教育コーディネーターに協力を求める

公立の小中学校には各学校に特別支援教育コーディネーター（以下、コーディネーター）が配置されることになっています。どの先生がコーディネーターか尋ねて、協力を求めてみるのもいいでしょう。コーディネーターが中心となって、校内委員会が開催され、支援が必要な子どもの実態把握や指導支援の検討、保護者や関係機関との連携、校内研修の企画などが行われます。

A 個別の指導計画に意見を反映してもらう

担任あるいはコーディネーターを通じて、個別の指導計画の作成をお願いすることができます。個別の指導計画は、支援の必要な子どもについて作成されることになっていますから、すでに作成されているかもしれません。子ども別に、指導目標や指導内容・方法を盛り込んだものです。すべての子どもに作成されるものではありませんが、保護者が希望すれば作成してもらえるものです。

家庭からの願いも「みんなの前でも、はっきり注意してほしい」などと伝え、作成の際検討してもらうことができます。

A 外部機関との連携を提案してみる

子どもの障害の内容や支援方法については、これまで診てもらった医師や、療育機関の担当者のアドバイスが有益なことがあります。こうした人たちと連携してもらえるよう、提案するのもいいかもしれません。

学校側と外部機関、双方に依頼して、話し合いの場を設けられたらいいですね。

保護者の不安・疑問⑨　学校との協力体制はどうしたら？

✓チェック！ 学校との協力体制のつくり方

- ☐ 小学校の基本的役割と指導態勢を理解する
- ☐ 家庭でできる役割を果たそうと努める
- ☐ これまでの支援にこだわりすぎない
- ☐ 子どもの状態についてわかりやすく伝える
- ☐ ねぎらいを忘れず、要望は提案の形でする
- ☐ 特別支援教育コーディネーターなどにも協力してもらう

① うちの子のクラスは35人ぐらいになる予定　先生が1対1で対応するのはむずかしい
先生　児童35人

② だから先生には子どもの状態をくわしく伝えて　家で私たちができる協力もしっかりしよう

③ 特別支援教育コーディネーターにも協力してもらえる
私が担当です　おねがいします

④ 学校でも、できることを検討していきます　よろしくお願いします！
先生

保護者の不安・疑問 ⑩

就学中のルート変更はどうしたら？

Q

　小学校3年生になるうちの子は、もともと人なつっこく、幼稚園のときには人気者でした。小学校に入っても、楽しくすごせると思っていたのですが、2年生頃から学校に行きたくないと登校をしぶるようになってきました。2年生と3年生の担任の先生からは、勉強がむずかしいようだと言われてしまいました。療育センターを紹介され発達検査を受けたところ、1学年以上の学力の遅れがあるそうです。このまま通常学級にいさせるのは無理なのでしょうか。また、途中でルートの変更ができるのでしょうか。

①

②

③

④

 率直に学校側と相談する

　子どもの状態に応じて、通常学級から特別支援学級に移ることは可能です。また、通級による指導の利用を検討してもいいでしょう。このような、なんらかのルート変更を検討する際には、教育委員会に相談し、それが適切であるかの判断が必要となります。

　実際の手続きは、一度今通っている小学校に相談してから始まります。まずは、率直に担任の先生に話してみましょう。学校長、特別支援教育コーディネーターなどをまじえて相談することもできます。

Q 通常学級に入学はできたのに…

A 学習の困難は入学後に見えてくる

　人とうまくつき合っていく力があると、保育園・幼稚園での生活は円滑に進むものです。その一方で学力に課題がある場合、園ではその姿がまだ見えない場合があります。園での生活は繰り返しが多く、習慣化してできるようになったり必要に応じて先生に手伝ってもらったりする機会が多いからです。

　明らかにことばの獲得が遅い場合には、観察や健診でわかるのですが、1学年ぐらいの学力の差の場合には、「いずれ追いつくだろう」とようすを見ていくことがほとんどです。

　小学校にあがると、毎日次々と新しいことを学んでいきます。学習は積み重ねられ、徐々にむずかしい内容へと進みます。漢字や計算の基本を覚えることがむずかしいと、それらがわかった前提で進められる授業についていけず、低学年で1年の遅れは、学年が進むうちにさらに大きな遅れになります。

A 子どもに合った教育環境にするのが賢明

　子どもも、がんばっても覚えられない、まわりの子と同じようにできない、といったことに気づくと、やる気を失ってしまいます。登校しぶりが見られるというのは、すでに危険信号と考えられます。特別支援学級に移るなどして、子どもに合った教育環境を用意してやるのが賢明といえるでしょう。

Q すぐに特別支援学級に移れるの？

A 新年度からが基本

　特別支援学級では、子どもの在籍数に対する教員の配置数が決まっています。子どもが増えると教員の配置も変える必要が出てきますが、教員の配置は年度のはじめに決まるので、年度途中での変更はむずかしいことになります。したがって、通常学級から特別支援学級に移ろうとする場合には、新年度からというのが基本です。

A 担任を通じて相談体制をつくってもらう

　ただ、相談は早めにしておくに越したことはないので、すぐに始めるのがいいでしょう。まずは担任の先生に話しましょう。

　よりふさわしい環境を探す相談は、教育委員会が受け付けていますが、手続きは通っている小学校を経由して行います。教育相談の

申し込み用紙がもらえますので、必要事項を記入し、提出します。移る先として希望の学級や学校がある場合は、それも記入します。

相談では、移る先だけでなく今の環境でできる支援についても検討してもらえます。相談の経緯によっては、学校の配慮のもと、年度途中から特別支援学級に移ることができる場合もあります。

特別支援学級がどのようなところなのか、授業内容や支援体制を調べて、具体的なイメージをもったうえで判断しましょう。相談窓口で尋ねるとともに、できれば見学に行って確かめておきたいものです。

Q 今の学校には特別支援学級がない…

A 設置されている小学校に転校する

地域によって、特別支援学級の設置率は異なります。特別支援学級への入級が適切と判断して、今通っている学校に特別支援学級がない場合には、特別支援学級が設置されている近くの学校に転校することになります。

突然転校といわれても抵抗があるでしょうが、長い目で見て判断することを勧めます。

A 通級による指導を利用する選択肢も

現在の子どもの状況と地域での設置状況が合えば、通級による指導を利用するという選択もあるでしょう。適切な支援が受けられる環境、無理なく学べる環境になるようにと考え、相談していきましょう。

通級による指導は、現に学習の遅れがあるわけではないが授業のルールに従えず通常学級での学習が困難、という子どもにも有効です。特性に応じて、社会的なルールや対人スキルなどを学ぶことができます。通級による指導で学んだことが通常学級でもできていけば、通常学級での学習が可能になります。

Q 特別支援学級にいる子どもはうちの子とかなりタイプが違うみたい

A 困難のタイプに応じて手厚く支援

特別支援学級で学ぶ子どものタイプはさま

Column　認知特性の見極めが大事

認知の方法に継次処理と同時処理の2つがあることがわかっています。ものごとを順序立てて理解していき全体像をつかむのが継次処理、全体像をまずとらえてから細部を理解するのが同時処理です。通常はうまく使い分けますが、どちらかに偏る人では、漢字を覚えるのに、筆順を習ったほうが覚えやすい継次処理タイプと、ひと目で見てとったほうが覚えやすい同時処理タイプに分かれます。

聴覚記憶と視覚記憶のどちらにおもに頼るかという違いもあり、継次処理タイプは聴覚記憶優位、同時処理タイプは視覚記憶優位のことが多いといわれます。

日本の学校教育は継次処理を前提とした指導が中心です。同時処理タイプの子どもが答えを最初に聞きたがることがありますが、これはずるをしたいわけではなく、まず答えがあったほうが、解法を導きやすいのです。教育に同時処理の手法を取り入れていくことが、教育課題のひとつといえます。認知特性は発達検査（→ p.15）で調べることができます。特性に合った方法で学べば、より学習効果が見込めます。

ざまです。知的な遅れがある場合が多いものの、知的な遅れがわずかであったり、なかには知的な遅れはなくても集団行動の困難さのために在籍している場合もあったりします。

　特別支援学級では、個々の状態に合わせた教材を工夫し、進度も個別に確認して対応します。明らかに通常学級より手厚い支援が受けられるので、このメリットは捨てがたいといえます。今その学級にいる子どもたちが、自分の子どもと違うタイプであったとしても、心配はいりません。特別支援学級は、入ってきた子どもに対する支援を新たに考えて対応するところだからです。

Q 子どもが行きたがらないときは？

A 「わかるようになるところ」と伝える

　勉強がわからないから行くところ、ではなく、今とは違う方法で勉強がわかるようになるところ、というように伝えてみましょう。

　できないことを叱ったりするのではなく、さり気なく自然な形で手伝い、成功体験を積ませると、子どもは支援を受け入れるものです。こうした支援をしてもらえるところとして特別支援学級について説明すると、子どももいいイメージをもつことができるでしょう。

　ふだんから、「できないから支援を受ける」のではなく、「できるようになるために支援を受ける」ことを伝えていくことが肝心です。

A 子どもに実体験させる

　まだ経験したことのない学級をかいま見るだけでは、特別支援学級での自分をイメージすることはむずかしいでしょう。特別支援学級に入ったらどのようなことを経験できるのか、たとえば放課後などを利用して体験させてもらえるよう計らうのがいい方法です。

　実際、わからなかったところをていねいに教えてもらい、また通常とは異なる学習方法を体験したことで、「ここに入る」と自分で決めた子どもの例も多く聞きます。

A 早めに支援を受けるほうが納得しやすい

　入学して間もなくから特別支援を受けると、子どもは「そういうもの」と思って支援を受け入れやすくなります。実際、支援を受けることで自分ができることを体験し達成感を得られるので、支援を受けることの納得が深まるでしょう。特別支援を受けたほうがいいかなと思ったら、早めに学校に相談することです。

Q 両方の学級に在籍できる？

A 在籍はどちらか1つ、交流で通常学級に行くことはできる

　特別支援学級に移った場合、もとの通常学級に在籍したままということはできません。基本的に特別支援学級に籍を移すことが求められます。

　音楽や図工など特定の授業や給食の時間などに通常学級ですごす交流という制度があります。通常学級から出向いて一部の時間を特別支援学級ですごす逆交流も、ごくまれにありますが、特別支援学級の子どもの数が少ないなど特別な理由があるときだけです。

Q 特別支援学級から通常学級へも替われる？

A 適切と判断されれば可能、環境変化は大

　一度特別支援学級に移ると、通常学級には戻れないと心配するかもしれませんが、そん

なことはありません。子どもの状態でそれが適切と判断されれば、特別支援学級から通常学級に戻ることができます。入学当初から特別支援学級を選択した場合も同様です。

特別支援学級で適応し、何も問題が起きず、勉強に集中できている状態が続くと、通常学級でもやっていけるのではと思うのが自然です。しかし、なかには、先生にも勧められて通常学級に移ったとたんに、学校にいるのが苦しくなってしまう子どももいます。特別支援学級と通常学級は、子どもに求められることがそれほど大きく違うのです。

特別支援学級から通常学級に移る際には、事前に通常学級との交流機会をもち、その時間を徐々に延ばしていって、不都合がないか、子どもに負担がかかりすぎないかを確認していくことが大切です。

Q 通級指導教室に行くことを、まわりの子どもたちにどう伝えれば？

A 率直に伝え、理解を求める

まわりの子どもたちへの説明がむずかしいからといって、通級による指導の利用を躊躇するのはもったいない話です。子どもたちへの説明は本来、教員の役割です。担任、通級指導教室の先生と、まず相談しましょう。必要があれば、まわりの子どもたちに「違う方法で勉強しにいく」ことを伝えてもらいます。

低学年のうちは、その意味がよくわからないかもしれませんが、先生が認めていることで納得してくれるでしょう。学年が進んでいくうちに、それぞれ困難の種類や度合いが違うことへの理解も進むはずです。

A いいイメージづくりを

隠そうとすると、通級指導教室に行くのはよくないこと、恥ずかしいことなどマイナスのイメージができやすいので注意が必要です。担任の先生から「通級でがんばっている」ことを日々伝えてもらうようにしましょう。

先生に笑顔で「行ってらっしゃい」「お帰りなさい」と言ってもらうと、まわりの子どもも同じように声をかけてくれるようになり、おのずと通級指導教室のイメージがよくなってきます。

Column　通級による指導ではこんなことをする

●**集団指導では**
　人とのかかわり方を学び、社会的スキルの向上をめざします。ボール遊びやボードゲームなどをとおし、ルールを守ることや、思いどおりにならないときの気持ちのおさめ方などを学びます。基本的なマナーを具体的に教えることもあります。

●**個別指導では**
　子どもの認知特性に合わせた教科学習を、先生と1対1で行います。教材や指導方法は通常学級より多様で、カードやIT機器も利用するなど柔軟です。じっくり社会的スキルを学ぶこともあります。

●**保護者や在籍学級には**
　在籍学級での適応を進めるために、子どもの現在の状況について、保護者や在籍学級の担任と情報交換します。在籍学級でのようすを見に行くこともあります。

保護者の不安・疑問⑩　就学中のルート変更はどうしたら？

✓チェック！ 就学後のルート変更

- [ ] まずは率直に学校と相談
- [ ] 学ぶ場所の変更は原則として新年度から
- [ ] 特別支援学級を利用するため転校が必要なことも
- [ ] 子どもの納得のためには見学や体験入級を
- [ ] 通常学級に戻ることもできるが環境変化は大きい
- [ ] 通級による指導の利用は前向きなイメージで伝えてもらう

① のんちゃん、授業でわからないところがあるでしょ？／わかりやすくお勉強ができるクラスがあるのよ

② え？どこ？／見に行ってみようよ

③ 特別支援学級の体験授業に行きました

④

⑤ やってみる！／うん!!

保護者の不安・疑問 11

放課後をどうすごさせたらいい?

　保育園に通わせている5歳児です。現在は仕事を終えるまで園で預かってもらっていますが、小学校に入学したあとの放課後のすごし方がどうなるか心配です。親がいないとゲームばかりするので、歯止めがきかなくなるのではと気がかりです。できれば学童保育に行かせたいのですが、うちの子はADHDの診断を受けていて、落ち着きがありません。気が散りやすいので、宿題などはいっしょにしてやらないとむずかしいと思います。発達障害のある子どもでも預かってもらうことはできるでしょうか。

 適切な余暇のすごし方を見つけていく

　放課後児童クラブ（一般的には学童保育とよぶことが多い）と放課後子ども教室が、一般的な放課後の子どもの居場所です。これらのサービスは、発達障害のある子も利用できます。ほかに、障害があることが前提の放課後等児童デイサービスがあります。

　就学にあたり、学習面を多く心配しがちですが、発達障害がある場合、適切な余暇のすごし方を見つけていくことも同様に大切なことです。放課後や休日などに、好きなことをしてすごしたり生活に必要なことを身につけたりできるよう、配慮が必要です。

Q 放課後は、どういう預け先があるの？

A いわゆる学童保育など

　学童保育は正式には放課後児童クラブといいます。保育園と同じように、おもに共働き家庭の子どもが対象になります。放課後から夕方まで、また夏休みなどの長期の休みの間は朝から夕方まで、預かってもらえます。適切な遊びと生活の場を提供するのが目的で、宿題やおやつの時間も設けられています。

　保護者の就労などは関係なく、すべての子どもを対象とするのが放課後子ども教室です。安全・安心な子どもの居場所を提供するもので、おもに学校がある日の放課後に利用します。

A 学童保育は審査あり、必ず行くのが前提

　学童保育は保護者の就労状況など一定の要件があり、事前審査で入所できるかどうかが決まります。発達障害を含む障害があるというだけで断られることはありませんが、保育の安全と子どもと家庭の状況などから個々に判断されます。障害がある場合、6年生まで預かってもらえることもあります。

　利用が決まったら必ず行くのが前提で、休む場合は連絡が必要です。

A 子どもに合ったサービスを選ぶ

　放課後子ども教室のほうは、出欠の確認はしますが、休んでもさしつかえありません。子どもが主体的に活動に取り組むことが求められますし、毎回異なるイベントが企画されるので、変化を嫌う発達障害のある子どもには向かないかもしれません。

　民間でも独自の預かりサービスをするところが出てきましたが、こちらも子どもの特性に合うものを選ぶことが大切です。

Q 障害のある子が対象のものはない？

A 放課後等デイサービスがある

　学校（小学校から高等学校まで）に通う障害のある子どもが対象の、放課後等デイサービスがあります。放課後や土・日・祝日、長期休暇に利用するものです。発達障害の場合も、障害児通所支援の通所受給者証を取得し、支給決定を受けると、原則は18歳になるまで、特例で20歳になるまで利用できます。

A 療育もするところと預かり主体とがある

　日常生活動作や集団生活での適応を高める療育を中心とする事業所と、子どもを預かる

放課後や長期の休みなどに利用できるサービス（おもなもの）

名称	放課後児童クラブ（学童保育）	放課後子ども教室	放課後等デイサービス
対象	保護者が仕事などの理由で日中家にいない家庭の小学校おおむね1～3年生	すべての小学生	障害のある原則6～18歳。障害児通所受給者証が必要。療育手帳は不要
サービス内容	宿題などの学習、室内・外遊び、おやつなどのほか、季節のイベント	スポーツ、文化活動、学習など	療育と居場所（学習、遊び、おやつなど）の機能がある。居場所主体の場合もある
実施場所 時間 送迎（行き来） など	●学校の余裕教室・敷地内専用施設、児童館・児童センターなど ●平日開校日の放課後～18時。土曜日や長期休暇期間は9～18時（事業所により異なる） ●原則行きは自力登所、帰りは保護者の迎え。中抜け（習い事などで抜け出す）や送迎が可能なことも。欠席時は連絡が必要	●学校の余裕教室・校庭、児童館など ●平日開校日の放課後～17時。土曜日や長期休暇期間に開設することもある ●原則子どもが登所・降所する（保護者の迎えが必要な教室もある）出席時に利用カードを持参すれば出欠連絡の必要なし	●事業所の施設 ●平日開校日、土曜日、長期休暇期間。利用頻度・時間は相談のうえ自治体が決定する ●原則保護者が送迎。事業所により送迎サービスがある
スタッフ	放課後児童指導員（教員や保育士の有資格者が多い）	安全管理員、学習アドバイザー、地域のボランティア	指導員、保育士など
利用方法	利用前年度の11月頃から各事業所に申し込み、説明会や体験を経て2月頃利用が確定する	事前申し込み。入学後の4月に学校より用紙配布、あるいは自治体の窓口にて登録する。年度途中からも申し込める。放課後児童クラブとの併用も可能	自治体の窓口に申し込む。療育手帳がない場合は医師の診断書が必要。手続きに1か月程度かかる。年度途中からの利用も可能（キャンセル待ち）
費用	無料～月額1万円以上とさまざま。月額6000円前後が多い（時間延長利用は別途費用がかかる）	基本的に無料。保険や実費が必要	世帯所得による。非課税世帯無料、年収約890万円まで月額上限4600円、それ以上月額上限3万7200円。送迎・おやつ代など加算

レスパイトケア（家族の休息）を主とする事業所があります。活動内容は、一般的な教科学習、認知課題、運動、制作などさまざまです。

2012年度より始まったサービスで、民間の参入により事業所数は増えています。見学が可能ですので、現に利用している子どもがどうすごしているかを見て選べます。療育手帳をもっている場合には、提示します。

A 負担額は世帯所得で決まる

世帯所得税が非課税の世帯は無料で利用できます。以下、世帯所得に応じて負担額が定められています。また、週に何回、何時間利用するかについては、各事業所と相談のうえ決めていくことになります。送迎など別途の料金が加算されることもあります。

保護者の不安・疑問⑪　放課後をどうすごさせたらいい？

Q 障害のことを伝えておくほうがいい？

A 特性と配慮してほしいことを伝える

学童保育や放課後子ども教室の場合、スタッフは発達障害の知識をもちあわせていないことがあります。特性については伝えておくほうがいいでしょう。障害名だけより、どういう場面でどういう行動が出るか、また、苦手な刺激などある場合はそのことを伝えます。

たくさんの子どもといっしょにすごす場所であり、トラブルも起こりがちです。そのような場所で予想できることや、配慮してほしいことを伝えておくようにしましょう。

A 落ち着くための環境や対応法は具体的に

発達障害のある子どもは、刺激が多い場所や見通しの立たない場所では落ち着きがなくなりがちです。いつもどおりの環境がいいことを伝え、動揺したりパニックを起こしたりした場合、どうすれば落ち着けるか、対応法を具体的に（静かな場所に行く、そのためのグッズを用意するなど）伝えておきます。

Q 宿題をきちんとさせるにはどうする？

A 習慣づける取り決めを

就学後すぐから、宿題をスケジュールのなかに位置づける習慣をつけるよう心がけましょう。なかには、宿題をしなくては気がすまない、むしろ宿題がこだわりになっているような子どももいますが、宿題への動機がとぼしい場合には、何かほうびがあるというシステムにするのがいいでしょう。

宿題が終わったら遊びに行ける、あるいはおやつの時間になるなど、物でないほうびも考えられます。宿題とほうびを結びつけ、習慣づけていきます。

学童保育のスタッフにも、「おやつの前に宿題」の声かけをお願いしておきましょう。ただ、先に終わって遊び始めたほかの子が気になって終えられないこともあり、帰宅後に保護者と取り組む必要も出てくるかもしれません。

Q 小遣いの使い方はどう教えたら…

A 計画的に使えるように週単位から

決められた額の小遣いを計画的に使うことは、行動を自らコントロールすることにほかなりません。計画的に使えるように、小学校に入る頃からトレーニングしていきます。

月ごとに渡す場合が多いものですが、衝動的に使ってしまう場合、月単位では管理しきれません。まずは週ごとにしてみましょう。

A 手伝いに応じて渡す取り決めにしても

お風呂掃除で20円、洗濯物をとり込んだら10円など、手伝いに応じて小遣いを渡すようにしている家庭があります。お金をもらわないと動かない子になると心配する人もいますが、きちんと取り決めをし、そのとおりにすれば、お金欲しさだけに動く子どもにはなりません。むしろ、保護者が約束どおりにすることで、約束を果たすことを学ばせることができます。また、○○をしたら○円もらえる、○回したら○が買える、といった見通しをもち、楽しみにすることにもつながるでしょう。

Q よそのお宅にお邪魔する機会もある

A マナーはていねいに細かく教えておく

自分の家ではよくても、よその家でしてはいけないこと（勝手に冷蔵庫を開けないなど）

があります。遠慮や状況に応じた気遣いを自然にするのがむずかしい子どもには、理解力や社会性の発達水準を考慮したうえで、子どもにわかるように具体的に教えておきます。

特に教えたいのは、訪問先のものを勝手に触らないことのほか、あいさつ、おやつなどを出されたときのふるまい、切り上げる時間（○時になったら引き留められても帰る）などです。子どもの日頃の行動に照らして、必要ならさらに加えます。紙に書き出して、子どもにチェックさせるといいでしょう。

あらかじめ先方の保護者に話して、練習させている、気になったことは教えて、と頼んでおくのもいいでしょう。

Q やっぱりゲーム浸りが心配

A 明確にルール化、途中で変えない

ゲームは、のめり込むよう巧みにしくまれていて、大人でもはまってしまうことがあります。ゲーム依存に陥ることもあり、精神医療の領域のひとつにもなっています。

興味が偏りやすく行動がパターン化しやすい、発達障害のある子の場合には、とりわけ注意が必要です。明確にルール化しましょう。

夕食や入浴のあと、宿題が終わってから、必ずリビングルームで、など具体的に決めていきます。ゲームは親のものであり、必ず許可を得てから、としている家庭もあります。

大人の都合で臨時にルールを変更しないことも大切です。おとなしくしてほしいときなどに一時的にゲームを許すと、いつでもルールを破ってもいいと学習してしまいます。

A ゲーム以外の楽しい経験を

家にいると、行動はパターン化しやすいものです。休日など家族で外に出かけると、いつもと違う環境で新たなことに興味をもちやすくなります。外出したがらない場合は、からだを使うテレビゲームなどを試してみます。ほかの遊びにつながっていくかもしれません。

ゲーム以外の何かをしたあとに好きなゲームをしていいという流れにしておくと、ゲームの時間が制限されますし、ゲームがほうびの役割を果たし、ほかのすごし方にも意欲的に取り組めるようになるでしょう。

Q 習い事をさせるのはどうかしら？

A フィットすればうまくいく

塾、ピアノ、絵画教室、体操教室など、習い事をしている子どもは少なくありません。興味を示し、負担にならないようならトライさせるといいでしょう。隠れていた才能が見つかり、引き出される機会に恵まれるかもしれません。

A 興味関心を深め、広げていく

発達障害のある子どもは、１つのことに深い関心を寄せ、調べたり、物を作ったり、熱心に取り組む姿勢を見せることがあります。

鉄道が好きで全国の路線を覚え、休みには鉄道写真を撮りに出かけるという家庭があります。魚だったりきのこだったり特定のものにくわしく、○○博士とよばれるようになった子もいます。こうした興味関心を共通の話題にして、友だちができることもあります。

子どもが何に興味をもつかに気を配りながら、探究心を満たし、さらに興味関心が広がるように心がけて、余暇がより充実するようにしてやりたいものです。

保護者の不安・疑問⑪　放課後をどうすごさせたらいい？

✓チェック！ 放課後など余暇のすごさせ方

- ☐ 学童保育、放課後子ども教室は発達障害のある子どもも利用可能
- ☐ 障害のある子どもが対象の放課後等デイサービスもある
- ☐ 預ける先に子どもの特性や配慮点を伝えておく
- ☐ 宿題の習慣づけには、ほうびのシステムが有効
- ☐ ゲームはルールを明確にして保護者も必ず守る
- ☐ 余暇を充実させるために興味関心の深まりと広がりを助ける

①

②

③

④

⑤

⑥

保護者の不安・疑問 12

ほかの保護者に伝えておいたほうがいい？

　小学校4年生です。3年ほど前に自閉症スペクトラム障害とADHDとの合併と診断を受けました。学校ではトラブルを起こしてばかりです。思いついたことは状況にかまわず話して授業を妨害してしまう、自分の納得がいかないと怒り出す、人の批判を平気で口にして相手が傷ついても気づかない……。クラス中に迷惑をかけているし、ほかの保護者にはわがまま、しつけがなっていないと思われているのではと、親としていたたまれない気持ちになってしまいます。子どもに障害があることを話し、理解を求めたほうがいいでしょうか。

 本人や周囲のとらえ方を見極め慎重に

　わが子を理解してもらいたい。この気持ちはどの保護者も同じことでしょう。ただ、多くの人は発達障害についてあまり知りません。特別支援を受けることへの偏見をもつ人もいます。伝えることでかえって事態が悪化し、子どもに不利益が生じてしまうリスクもなくはありません。障害の事実を本人も周囲の人も前向きに受け止め、協力し合えるようになるためには、いくつかおさえておくべきポイントがあります。先生にも協力してもらいながら、伝えるか否か、何をどう伝えるかの判断を慎重に進めていくようにしましょう。

Q 伝えていいかの判断で、まず大事なのは？

A 本人への告知がすんでいることが前提

　ほかの保護者に障害のことを伝えると、必然的にクラスの子ども、そして本人にも伝わります。伝える判断には、本人への告知がすんでいることが前提になります。もし、子どもがまだ自分の障害について知らないのであれば、伝えるのは時期尚早といえます。

　子どもへの告知もタイミングを見極めて慎重に進める必要があります。告知のタイミングや告知の際に大切なポイントについては、p.88で紹介していますので、参考にしてください。

A 本人の了解を得る

　障害のことを子ども自身が知っていても、ほかの子どもたちや保護者に伝えるのは、子どもが伝えてもいいと積極的に思える場合に限ります。

　子どもは、まわりの子と自分が違うことには敏感です。障害のことを知られたら、みんなが自分をどう思うのか、漠然とした不安を抱くかもしれません。保護者がこうしたことを考慮せず伝えてしまった場合、あとになって子どもが「こんなはずじゃなかった」と悔やむことにもなりかねません。

　こうした事態を防ぐために、十分に子どもと話し合う手順をふむようにしましょう。そのうえで、担任の先生とも相談して進めます。

Q 伝えることでどんなリスクがある？

A 排除する動きにつながるかも

　発達障害について伝えたとして、聞いた人全員が正しく（こちらが望んだように）理解するとは限りません。理解が十分でないと、リスクが生じます。

　いちばん大きいリスクは、発達障害の子どもを排除しようとする意見が生じることです。発達障害のある子どもには、指示を視覚化したり個別に繰り返したりといったきめ細やかな支援が必要ですが、そのために先生の手がとられ、ほかの子への教育がおろそかになるといった考え方をする保護者も少なからず存在します。

　本当は、そうした支援があることはクラス全体の子どもに対しても有益です。しかし、特別支援が周囲の子どもにはマイナスの作用

をするといった誤解が、発達障害に対する偏見につながる危険性は否定できません。

A 障害特性がうまく伝わらない

「障害を盾にしている」と言う人もいるかもしれません。発達障害は、苦手なところが見えにくく、できるところとのギャップも大きいため、できるところを基準に考えられると、苦手な友だちづきあいも「ちゃんとできるはず」と誤解されがちです。自閉症スペクトラム障害のある場合には、勉強ができても相手の気持ちの理解や状況判断がむずかしいことが多いので、「わがまま」「意地悪」などととらえられる可能性があります。

理解されにくいからこそ説明をしたはずでも、どうしても理解しない人は残念ながらいるでしょう。

A 障害がある事実だけが伝わるリスクも

ほかの保護者の気持ちに配慮しつつ、子どもの特性を伝え、見守ってほしいと伝えたとしても、発達障害の名前だけが印象に残ってしまい、本意が伝わらずにその場が終わってしまうことがあるかもしれません。

話を聞いた人から、「○○ちゃんには障害がある」と、むやみに周囲に広まってしまうリスクもあります。話を聞いて理解した人が好意で、理解と配慮を広めるために話したとしても、発達障害について理解していない人にとっては、子どもを差別することにつながりかねません。

Q 理解者を得るには…

A 親しい人に個別に話すことから

発達障害の特性の理解には時間がかかるものです。話をしても理解してもらえないとき、その落胆は測り知れません。まずは、日頃からつきあいがあり、子どものことを好意的にとらえてくれる保護者に話すことが、安心で安全な理解につながるでしょう。

理解者が誰かひとりできることで、まわりの理解が進まないことへの苛立ちや落胆を受け止めたり、聞く耳をもたないほかの保護者の態度をやわらげたりしてもらえるかもしれません。

そうして、理解者を徐々に増やしていくことをめざしましょう。

Q 伝えるとしたら何をどのように？

A 具体的な特性をわかってもらう

障害があることを伝えたいと思ったとき、理解してほしいことは何でしょうか。まずは「悪気があってトラブルを起こしているのではない」ということでしょうか。

ならば、具体的なエピソードを使って伝えるといいかもしれません。障害名だけでなく子どものもっている特性を併せて伝えたほうが、誤解が生じず、相手の理解も進みやすいといえます。

たとえば、授業を妨害してしまうことや他人を批判してしまうことについては、「事実をそのとおりに話してしまう」特性の結果として周囲に影響がおよんでいるなど、行動の背景にある特性を伝えていきます。また、衝動的で順番を待てずにトラブルになるのであれば、衝動的に行動する特性のために迷惑をかけていることを、そして同時に、実は子ども本人も困っていることを伝えていきます。

保護者の不安・疑問⑫　ほかの保護者に伝えておいたほうがいい？

A 得意・不得意のギャップから起こる行動を具体的に

子どもがどのようなことが苦手かも伝えます。そして、得意なところとギャップがあって誤解されやすいことを具体的な例を挙げて話します。毎日の生活のなかで、どんなときに周囲との調和が乱れるのかをおさえておき、「このような状況では、こういった行動が起こりがちだ」というように伝えていきます。

わかりやすい、リーフレットなどの印刷物を利用するのもひとつの方法です。

A 「こうすればうまくいく」方法も伝える

うまくできない部分だけを伝えると、「いっしょのクラスで学んで行くのは無理では」と思わせてしまうかもしれません。子どもの苦手な部分に対して、どう対応するとうまくいくか、対応法もいっしょに伝えるようにします。たとえば「相手の気持ちを察することは苦手ですが、いやなときははっきり断ってもらえば、理解できますし、迷惑でない行動ができます」というように伝えましょう。

A 状況の違いによって起こるトラブルがあることも

ADHDの場合でも自閉症スペクトラム障害の場合でも、学校の時程内より放課後のほうがトラブルは起こりがちです。

多動性・衝動性があると、環境が広がり刺激が多くなると行動が荒くなることがひとつの要因です。また、自閉症スペクトラム障害がある場合には、ルールが明確に示されているとそのルールに従って行動できるのですが、暗黙のルールがわかりにくいので、授業中より自由度の高い放課後のほうが、状況に合わせて行動することがむずかしいのです。

こうした特徴が理解されないと、「先生がいないところでは悪い子」ととらえられかねません。まわりの子と楽しく遊べるときとうまく遊べないときの状況の違いがどこにあるのかなど、具体的に状況と行動の違いを把握し伝えられると、理解につながります。

Q まわりの理解と協力を得るためにできることはある？

A 「行動を改善するために」協力を頼む

トラブルが起きることへの理解を求めるだけでなく、いけないことは「いけない」と教えてほしいと伝えましょう。加えて「○○しなさい」とすべき行動を具体的に教えてほしいとお願いできると、よりいいでしょう。

こうしたお願いをすると、ほかの保護者も子どもを排除しようとするのではなく、なんとか対応しようと協力してくれるかもしれません。わが子の行動を改善したい、しつけたいという気持ちが伝わり、共感できるからではないでしょうか。

同じような望みは、ほかの家庭にもありそうです。子どもへの対応を頼まれたら、心がけて協力しましょう。

A トラブル防止に努める姿勢を示す

子どもたちがいっしょに活動し、楽しくすごせていることを感謝の気持ちとともに伝えるようにしましょう。トラブルが起きていないときにも伝えていくことが大切です。

また、トラブル防止のためにできることをしていきます。たとえば、学童保育（放課後児童クラブ）を利用しているとすれば、クラブの指導者と相談して、落ち着ける空間ですごせるよう配慮してもらいます。そのような

相談をしていることも、さりげなくほかの保護者に伝えられると、放置せずできることをしているという姿勢を示すことができます。

🅰 機会をとらえてこまめに話す

ある機会にまとまった話をするのも理解にはつながりますが、日々のふれあいのなかでこまめに身近な話をしていくほうが、自然な理解は深まるものです。機会をとらえて話していくようにしましょう。

たとえば、登校班のシステムがあるなら、ときどき子どもの登校に付き添ってみてはどうでしょう。子どもに注意を促すときは促しながら、実際の接し方を見せると、周囲の理解を得ることにつながるでしょう。学校への道々、交わす会話から少しずつ理解が広がることもあるでしょう。全行程付き添えなくても、また、あいさつだけの日があったとしても、ときどき顔を合わせて話す機会をもつようにしてみてはどうでしょうか。

🅠 担任にしてもらえることもある？

🅰 支援の意味を上手に伝えてもらう

休み時間に特別支援学級ですごすことを許可してもらっていたり、通級による指導を利用していたりなど、子どもがほかの子と異なるすごし方をしていて、それについて子どもたちが理由を知りたがっている場合には、担任の先生からクラス全体に、上手に伝えてもらうのがいいでしょう。もちろん、この場合も、本人の了解を前提にします。

どのように伝えるかについて、事前に打ち合わせの時間をとってもらうと安心です。ところが、先生の伝え方次第で、支援の意味がうまく伝わらず、かえって偏見を深めてしまうことも残念ながらあります。打ち合わせで納得いかないと感じた場合、クラスに伝えることは見合わせたほうがいいかもしれません。

🅰 長所とともに伝えてもらう

伝えてもらうときは、子どもが集団のなかでうまくなじめないところだけでなく、長所も伝えてもらいます。めざすのはクラスで受け入れてもらうことだからです。状況を察することが苦手で友だちとトラブルになりやすい姿は、発想が独特であるともいえるので、たとえば図工では誰も考えつかないような作品を作るなど長所として生かされている姿があれば、取り上げてもらうようにします。

そのうえで、「休み時間にはクラス以外の場所ですごすと落ち着けて、次の授業でがんばれる」「みんなと楽しく学校生活が送れるように、別のところでお勉強している」など、説明してもらいます。

🅰 クラスで受け入れられることが保護者の理解へとつながる

子どもが自分なりにめざし努力している姿について、担任から折にふれクラスに伝えてもらいます。クラスの子どもたちにもどのようになりたいかを聞いていき、共通点を探すような活動を試みてもらうのもいいでしょう。

今の段階でめざすところが違っていても、よくなりたい、何かを上手になりたいという思いは同じだと確認できると、違いを受け入れながら認め合えるクラスに成長できることが期待できます。

子どもの受け止めは、親子で影響し合うものです。先生の協力を得て子どものよさや苦手さをクラスで受け入れてもらえると、そのことはやがて保護者にも浸透していきます。

保護者の不安・疑問⑫　ほかの保護者に伝えておいたほうがいい？

✓チェック！　ほかの保護者に伝えるときの考え方

- ☐ 障害のことを伝えるかどうかは慎重に判断する
- ☐ 本人への告知、本人の了解が前提
- ☐ 担任に相談し、協力してもらう
- ☐ 徐々に理解者を増やすことをめざす
- ☐ 特性をわかってもらえるように伝える
- ☐ 行動を改善するための協力をお願いする

① そうなんだ……咲ちゃんは思ったことをすぐ口に出しちゃうのね

② うん。でも悪気はないのよ／そういう特性なのかー。まじめなところもあるもんね

③ 咲が変なこと言ったら注意してね

④ 私がうまくフォローするよ／ありがとう

保護者の不安・疑問 ⑬

担任の先生とうまく連携できない

Q

　小学校4年生で通常学級に在籍しています。担任の先生は、熱血漢というのでしょうか、毎年合唱コンクールで賞をとっている名前の知れた先生です。子どもはおとなしく、先生の指示には従順です。最近、ちょっとのことで苛立つので気になっていましたが、ついに「コンクールの練習がきつい」と言い出しました。でも、先生には伝えないでと強がっています。

　学校でのようすは変わりないか、先生に尋ねても、「大丈夫です」としか返事が返ってこず、正直、先生に信頼をもてません。どうしたらいいでしょうか？

①

②

③

④

 A 徐々に相談の範囲を広げていく

　子どもは練習がきついと言っているのに、担任の先生はそのことにまったく気づいていないようなのですね。おとなしく、我慢強い子どもの場合、不適応を起こしていても学校でそのそぶりを見せることがなく、先生が気づきにくいことはよくあります。また、指導に熱心なあまり、がんばらせて力をつけたいと先生が突き進んでしまう場合もあります。

　まずは、子どもの状態を理解してらうよう、直接担任の先生に話しましょう。そして、以降の反応如何（いかん）では、担任以外の先生や校長などに相談することも考えていきます。

Q 子どもにがんばらせたほうがいいの？

A 事態を甘く見ず、動く

　きまじめでおとなしく、我慢強い子どもは、苦しかったとしても、それを「いけないこと」と思い、人に言うことをためらいがちです。がんばりすぎてつらくなっていても、その場面になるとがんばり通してしまうので、まわりは気づきにくいものです。

　先生の目からすると「いい子」で「心配のいらない子」と映りやすいのですが、こうした子どもがつらい状況では、事態を甘く見ずに対応することが大切です。

　休み時間はそれまでと同じように笑顔が見られるか、まわりの子と遊んでいるか、また給食は食べられているかなど、子どもが心身ともに健康にすごしているかを観察しましょう。いつもより元気がないようすが見られたら、すぐに動いたほうがいいでしょう。

Q 担任にはどうお願いする？

A 直接会って子どもの状態を話す

　先生に知られたくないという子どもの気持をくみながら、子どものきつい状態を理解してもらうためには、短い電話での話や立ち話だと伝わりにくいので、一度担任の先生に時間をつくってもらい、直接会って伝えていくようにしましょう。

　ふだんは穏やかなのに、最近はいらいらするようすが見えること、「コンクールの練習がきつい」と話していることを伝えます。疲れているらしく、夜もすぐに寝てしまうといった、学校ではわからない事柄も伝えるようにします。

A 休むことを先生から提案してもらう

　先生の指示は子どもには絶対のようです。先生のほうから、「元気に練習ができるためには休むことも大切。放課後の練習は週2、3回にして、十分からだを休ませましょう」というように提案してもらうようお願いしてみましょう。「疲れたときは休みましょう」ではなく「週○回は休みましょう」など、できるだけ具体的に言ってもらうのがいいでしょう。

Q どうも、担任にわかってもらえない…

A 校内委員会で検討してもらう

　子どもがきつがっていることを担任の先生

に伝え、個別の対応をお願いしたとしても、その必要性を実感してもらえないこともあるかもしれません。

指示に従わないなど問題となる行動や、トラブルがない場合には、子どもの特性について、すぐに理解してもらうのがむずかしいことがあります。

こうしたときには、担任の先生ひとりに任せるのではなく、学校全体で子どものようすを確かめ、子どもに合った対応について検討してもらうといいでしょう。校内委員会というしくみがありますので、話しやすい校内の先生に、こうした体制をつくってほしいと依頼しましょう。

A 専門的見地から指導を見直し、担任にはたらきかけてもらう

校内委員会では、校長、特別支援教育コーディネーター、学年主任、養護教諭、スクールカウンセラーなどが、さまざまな場面での子どもの行動を見て、見立ててくれます。指導的立場の先生や、子どもの心身の健康にくわしい養護教諭、スクールカウンセラーなどから専門的な意見を言ってもらえば、指導は変わり、事態は改善されるでしょう。

たとえば、スクールカウンセラーは心理の観点から子どもの状態を見立てます。「いい子が燃え尽きてしまうことがある」などの経験を校内委員会で話してもらえると、保護者の訴えにも説得力が増すでしょう。

専門家の意見をふまえ検討され、子どもの特性や状況が校内で共有されることで、目が行き届き、今回の合唱コンクールの練習のきつさという問題だけでなく、日々の指導のあり方も見直してもらえます。

Q 事態を悪くしないためにできるのは？

A 考えられる要因を公平にとらえる

担任の先生が成果主義のように感じられて、子どもが萎縮していると思えることもあるかもしれません。

多くの子どもはたいてい、何か厳しい状況に直面したとき、「これくらいがんばればいいだろう」と、息抜きする方法も心得ていて、自分の行動に折り合いをつけることができます。でも、ふだんから先生の指示に厳密に従わなくてはと思っている子どもであれば、先生のことばをすべて真に受けて、少しのハードルも過剰なものに感じて自分をがんじがらめにしてしまうことがあります。

先生と子どもの特徴が相互に影響し合っていて、どちらにも改めていく部分があると認識しておくことは重要です。

A 担任批判は否定せず、あおらず

子どもが担任の先生について批判めいたことを言うときには、「大変だったね」のように返し、子どもの気持ちを受け止めていきましょう。そして、大人が子どもの特徴を考慮して、支援できるところがないか検討しましょう。

たとえば、先生にどうしてほしいのか聞いていき、子どもが安心できる支援が得られるように考えていきます。

Q 担任を替えてもらうことはできない？

A 担任が替わることで改善する場合がある

次の学年になり担任が替わったことで、子どもの状態が落ち着いたという例は確かにあります。これまでに紹介したような、担任の先生や学校に対するはたらきかけをしてみて

保護者の不安・疑問⑬　担任の先生とうまく連携できない

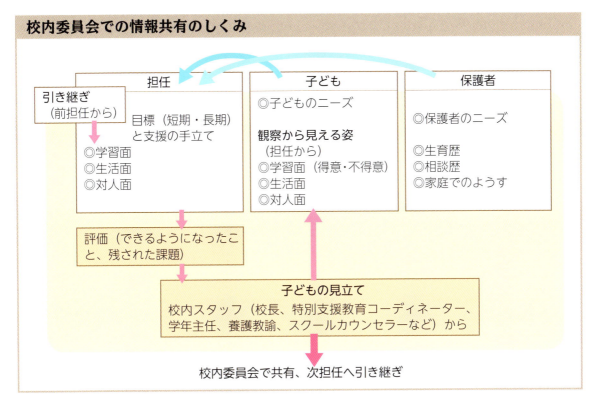

も、子どもへの理解や適切な指導支援が得られず、事態が好転しない場合には、思い切って担任を替えてもらいたいと要望するのもひとつの手立てです。

A 要望は冷静に具体的に伝える

要望は校長に伝えます。学校の協力を得るために、これまでの経緯と意見を冷静に具体的に伝えていきましょう。子どもはどのような状況にあるのか、どのような指導が合うのか、改善点はどこにあるのか、保護者としての意見を伝えていきます。そうしたうえで、学校にできることを聞いていきます。

状況によっては、ほかの家族といっしょに出向くことや、話しやすい先生（スクールカウンセラー、養護教諭、特別支援教育コーディネーターなど）にあらかじめ話したうえで同席してもらうなど考えてみましょう。

Q 学校でなんとかしてもらうのは無理そう…

A 教育相談センターが相談窓口のひとつ

教育相談センター（地域により名称は異なる）では、学校不適応に陥った子どもの相談を受けてくれます。

発達障害がある場合、二次的に不安が強くなったり対人関係に悩んだり、いじめや不登校の問題に直面することもあります。教育相談センターでは、こうした相談に指導主事や心理士が対応してくれます。

保護者が出向いて相談することも、電話で相談することもできます。

A 第三者機関を利用する

学校以外の専門家に、子どもの特性に合った支援について聞いてみることもできます。

地域にある療育センター（児童発達支援セ

ンター）や児童精神科クリニックなどでは、医療や心理といった専門的な観点から現状を見立て、対策を検討してくれます。

また、独自の目的をもって教育問題に取り組んでいる団体が相談窓口を設けていることもあります。

地域の情報には特別支援教育コーディネーターやスクールカウンセラーがくわしいので、相談先に迷ったら尋ねてみるといいでしょう。

A 教育委員会に相談する

いろいろな手をつくしたのだけれど、学校から理解をうまく得られない場合には、教育委員会に相談することができます。

教育委員会では、必要に応じ巡回訪問をし、さまざまなタイプの子どもの支援を行ってきた経験から、校内体制を整え担任を支援するよりよい方法を検討し、提案していきます。

A 主治医とも連携して対応を

子どもがこのままクラス全体の目標を達成できる状態かどうかについては、主治医の意見も聞いてみるといいでしょう。今の状態だけでなく、幼少期からの子どもの発達や経過、家でのすごし方を確認しながら、今の子どもに合った課題の設定のしかたや休息のとり方を見立ててくれます。

子ども自身の力で、ほどよく練習と休息のギアチェンジをするのがむずかしいようであれば、「合唱コンクールに参加しなくていい」と主治医から言ってもらう方法もあります。子どもによっては、ドクターストップがかかったということで、安心して休めることもあります。

この場合、合唱コンクール以外のイベントでも、上手に休みながら、がんばるときはがんばることは、引き続きの課題となります。

Q 学校を替わることはできる？

A 本人の負担を軽くすることを第一に

学校にいるのがつらいのは、学校や在籍するクラスに、子どもの特性に対する配慮が不足しているとも考えられます。配慮のある環境づくりがむずかしいようであれば、転校も選択肢のひとつと考え、本人にもそう伝えてみましょう。

転校したところ状況が一転し、元気に学校に通えるようになったという実例もあります。転校したらすべてが解決するというわけではなく、転校先で新たな協力関係を築いていくような努力も必要なのですが、何も策がない状況より気持ちは楽になります。

「転校していい」と言ってもらえるだけで負担が軽くなり、転校するまでにいたらないということも、実際には多いようです。

A 子どもに対応力をつけることも考える

がんばりすぎて燃え尽きがちな子どもは、これからも似たような状況に陥る可能性があります。自分の体調に気づき、疲れたら休むことを覚えていくことが必要でしょう。体調に気づきにくいのは発達障害の子どもの特性のひとつでもあります。

疲れ具合を「1（すごく元気）」から「5（すごく疲れている）」として、毎日寝る前などに点数化していくと、自分の体調を察知する力がついてきます。疲れ具合が5になる前の4くらいの段階で早く寝るなど、体調をととのえる方法を学ばせます。グラフに示すと、早めに休んだほうが回復が早いことにも気づきやすくなります。

保護者の不安・疑問⑬　担任の先生とうまく連携できない

✔チェック！　担任とうまく連携できないときの対処

- ☐ 子どものようすが心配なときは直接会って話す
- ☐ 担任の対応が変わらないときは校内委員会を要望
- ☐ 外部の相談機関への相談も考慮する
- ☐ 相談窓口には教育相談センターや教育委員会などがある
- ☐ 本人の負担軽減を第一に、担任の変更や転校も選択肢に
- ☐ 子どもに対応力をつける試みもしていく

①
そうですか。家で元気がない……
はい。合唱の練習が大変そうなんです
担任の先生

②
その後、校内委員会が開かれました
校長　コーディネーター
担任　学年主任

③
がんばり屋さんですから……
がんばらせすぎないほうがいいのでは？

④
やがて、先生からの提案で
放課後の練習は週に3回にしよう

⑤
その後は自分のペースで練習

⑥
コンクール本番では元気に歌うことができました

保護者の不安・疑問
14

登校しぶりなどが起きたら…

小学校3年生です。もともと口数が少なくおとなしい子どもで、「学校楽しかった？」と聞いても「うん」だけで、あまり具体的なことを話しません。いやなことがあっても話さず、あとになってほかの子どものお母さんから「あのとき大変だったみたいね」と言われ驚いたこともあります。自閉症スペクトラム障害の診断は受けていますが、本人はまだ知りません。

最近、登校前にぐずぐずしていることがあり気になっていたのですが、とうとう学校を休みがちになってきてしまいました。いったいどう対応したらいいでしょう。

①

②

③

④

⑤

A  学校との連絡を密に、早めの対処を

　本人が困っていると言わないからといって、ようすを見るというのは何もしないのと同じです。長期化すると、家にいることが習慣化して改善はむずかしくなってしまいます。担任の先生と連絡を密にとってようすを伝え合い、早めに対処するようにしましょう。

　学習がむずかしくなっていないか、交友関係はうまくいっているのか、いじめはないのかなど、多方面から原因をさぐりましょう。原因は1つでなく複合していることがあり、また、発達障害の二次障害という側面も考えられるので、そういう点も注意します。

Q 発達障害が関係することもあるの？

A 不登校やひきこもりの背景に

　不登校やひきこもりの状態にいたった子どもが、相談に行ってみてはじめて発達障害だとわかることがあります。

　不登校を主訴に医療機関を受診した子どもに、発達障害の特徴が2割から3割程度見られる[*1]、精神保健福祉センターでのひきこもり相談来談者の調査から、全体の30％弱ほどに発達障害の診断がついた[*2]という報告もあります。

A ことばで訴えず不適応を起こすことも

　おとなしい子どもの場合、集団適応のための支援の必要性に周囲は気づきにくいものです。もしかすると乗り越えられない苦手な面、すなわち発達の凸凹に基づく困難があるのかもしれません。

　こういう場合、まわりが気づかないだけでなく、本人も困難やつらい気持ちを具体的に伝えられないことがあります。登校しぶりは、耐えきれずに発せられたSOSかもしれません。

Q どんな原因が考えられる？

A 学習がむずかしくなっている

　身のまわりのことは自分ででき、授業中の離席や周囲とのトラブルなどがない場合、学習が学年相当にできなかったとしても、1、2年生までは「同じような子どももいる、そのうち追いつくだろう」と見過ごされがちです。実際、追いつく子どももいるのですが、差が縮まらず、2年生の後半ぐらいから遅れがめだってくることがあります。

A 交友関係の課題が表面化

　交友関係は年齢を追って変化します。小さい頃は他者への関心が薄くひとりで遊ぶことで満足していたのに、まわりの子どもへの関心が高まって、積極的になりすぎてうまく距離が保てなかったり、みんなの輪に加わりたいときにどう声をかけるかわからなかったりということが起こります。

＊1　石井恵子・上野和彦「発達障害のある児童生徒の不登校傾向について」（2008『LD研究』17(1), 90-96）、塩川宏郷「不登校と軽度発達障害」（2007『現代のエスプリ』474, 205-211）　　＊2　近藤直司ほか「思春期ひきこもりにおける精神医学的障害の実態把握に関する研究」（2010）

ほかの子どもとかかわりたいのにうまくいかないとき、子どもの悩みとして問題が浮上します。

A いじめを受けている

いじめの事実を本人から大人に言うことはあまりありません。尋ねてみても、否定することすらあります。頻繁に物がなくなっていないか、ランドセルや衣服などが汚されるようなことはないかなど日々観察し、いじめの気配を見逃さないようにします。

発達障害がある場合には、いじめられていたり周囲から浮いていたりしてもなかなか気づかず、事態がひどくなって気づくことがあります。そのときの本人のダメージはかなりなものです。

いじめを察知した場合は、子どもを守ることを最優先に動きましょう。

A 変化に弱く不安を感じやすい

運動会の練習期間で時間割の変更が多い、発表会の練習はできるのに本番は参加しようとしないなどのようすはなかったでしょうか。

見通しの立たなさや、環境変化の大きさで不安が増している可能性があります。想像することや、状況を読み取って臨機応変に動くことが苦手なためです。運動会前の時間割の見通しを視覚的に示す、発表会当日のようすを過去に録画した映像を見せて心づもりをさせるなどの支援が役に立つかもしれません。

A 心身の健康状態

登校しぶりの背景に、身体や気分の不調、睡眠リズムの障害などが隠れている場合があります。このような場合は、小児科や心療内科の医師に相談します。

Q 相談は誰に？

A 担任と連絡を密に

保護者が考える登校しぶりの原因を担任の先生に話し、学校でのようすと引き比べてもらいましょう。先生といっしょに、多方面から原因をさぐり、できる手を、なるべく早く打っていくことが大切です。

いやな出来事があっても自分から話さないおとなしい子どもの場合、また逆に、通常以上に活発でまわりの子どもを支配するタイプの子どもの場合も、先生は交友関係の問題に気づかないことがあります。その陰でいじめが進行していることもありますので、密に連絡をとり、不調や変化を伝え合うようにしましょう。

A 原因に応じた手を打っていく

学習面のつまずきと思われたら、担任の先生と相談して個別に支援してもらい、必要な場合は通級による指導の利用や、特別支援学

Column　ネット時代、ますます見えなくなってきた「いじめ」

近年、気に入らない相手の誹謗(ひぼう)中傷を流すといった、インターネットを通じたいじめが増えています。いじめの実態はますますつかみづらくなったといえ、教育現場でも「ネットで悪口を言われたことがあるか」「あるとしたらどんな悪口だったか」など、クラス全体に用紙を配付して書かせるなどの対応が必要かもしれません。

級へ移ることも考えます。

体調不良や不安については、先述のように専門医受診や個別の支援で解決を図ります。

交友関係が原因の場合は、短期間で根本的な解決はむずかしいでしょう。まずは本人の負担を軽くすることから考えていきます。

Q 保健室登校でも行くほうがいいの？

A 基本的には行ったほうがいいが、ほかの対処法を考えるべきときもある

一度学校に行かなくなると、家にいることが習慣になったり勉強が遅れたりして、ますます学校への距離が遠くなることがあります。こうした心配がある場合は、もし保健室や相談室などですごすことができそうであれば、そうした場所ですごすことを許可してもらいましょう。

ただし、無理強いはしないようにします。たとえば、学校の環境が合っていないと考えられるようなときは、思い切って休ませることも考えます。

また、学習に困難がある場合は、クラスでの支援の方法や教育環境自体を検討することが優先です。保健室が、勉強をしたくないがゆえの逃げ場にならないよう、配慮が必要です。

Q 不登校が長引きそうなときは…

A 原因がなくなっても不登校が続くことも

学校に行きたくないと思ったきっかけがすでになくなっても、家ですごすことが習慣化して不登校が続いてしまう場合もあります。生活がパターン化しやすい、興味の範囲が狭いといった特徴がある場合に起こりやすいといえます。

ゲームやインターネットに夢中になったり昼夜逆転したりして、生活リズムをくずすと、不登校の長期化につながります。

A 学校外で相談することも考える

なかなか学校に戻れず、不登校状態が続いてしまった場合には、学校外で相談していくこともできます。教育委員会が運営している教育センター（教育相談所）では、登校しぶりや不登校に関する相談を受け、不登校の改善に向けて支援してもらうことができます。

児童相談所や保健センター、精神保健福祉センターなどでも相談支援が受けられます。

A 適応指導教室に通う

不登校になった子どもが個別あるいは集団でさまざまな活動に取り組みながら、支援してもらう場所があります。教育委員会によって設置運営されているものが適応指導教室（教育支援センター）です。指導員がいて、子どもの発達特性や成熟度等に合わせ、学習、スポーツ、物作り、調理などをとおし、基本的生活習慣の形成、情緒の安定、集団行動、基礎学習などを身につけさせていきます。

一定の要件を満たせば、ここに通った日数が在籍している学校での出席扱いになります（→ p.99）。

A 民間のフリースクールなどに通う

不登校から抜け出すのに、民間が運営するフリースクールに通うという選択肢もあります。フリースクールは、それぞれ独自の理念・方針で運営されており、子どもの精神的な充足を主体とするもの、学習支援にもある程度力を入れるものなど、さまざまです。

フリースクールも、一定の要件を満たす場

合、在籍校での出席扱いになります。

Q 「登校刺激は与えないほうがいい」と聞いたが…

A 登校や学校の話題は状況に応じて

登校しぶりが何によって起きたか、学校に対してどのような感情をもっているかによって、対応は異なります。

少なくとも、学校や先生に対する嫌悪がないのであれば、学校からのお便りを届けてもらったり、連絡をもらったりすることを、必ずしも避ける必要はないでしょう。

学校に行きたい気持ちがある場合は、放課後などに担任の先生に会いにいくことも試してみていい方法です。本人が落ち着いているときに学校に行って、先生とたわいのない話をすることで、先生や学校に対する不安が軽減されやすくなります。

A 集団場面への不適応があるとき、専門家の力も借りて長期的に自立をめざす

学校、適応指導教室やフリースクールなどの集団場面にどうしてもなじめない場合には、家庭内でその子に合った有意義な活動をすることを支援したほうがいいかもしれません。

交友関係や心の不調から不登校になった場合、自宅ですごすにつれ元気が出てくると、学校には行けないけれど、ほかのところへなら外出できるといった変化が見られることがあります。このとき、登校することばかりを強くいうと、かえって家や部屋から出てこないといったひきこもり状態を招くこともあります。

一見わがままに見える状態は前進の証であるなど、専門家（精神科医や心理士など）の力を借りながら、正確に見立てていくことが大切です。

Q 本人に障害のことを話したほうがいいの？

A 話すのは、生活が安定しているとき、前向きに受け止められるタイミングで

発達障害がさまざまな困難の原因になっているとしても、生活が安定せず不安なさなかに、障害の事実を伝えるのは得策ではありません。不登校になって将来に見通しがもてないとき、子どもは自分に自信がもてません。伝えるのは、支援を受けながらでも自分ができることを経験し、自尊心が回復してからにしましょう。

できることが増えて、自信がついてきたあとでなら、障害は「道理で苦手なことがあったんだ」「自分が怠けていたからでなく安心した」など、前向きにとらえるものになります。そうして、必要な支援を受けながら成長していくことができるようになります。

A 納得でき、勇気がもてるように話す

告知に適した時期を迎えると、子どもは自らを的確に語れたり、伝えられた障害特性に納得できたりするものです。子どもに見られる特性をいっしょに確認していき、名前をつけるとしたら発達障害（診断名は自閉症スペクトラム障害や ADHD、LD など）とよばれるということを伝えます。

発達障害と知ったからといって、これまでと生活が変わることはないこと、保護者や頼れる先生や大切にしたい友だちとの関係は続くこと、工夫次第でこれからも成長していけることも併せて伝え、勇気づけましょう。

保護者の不安・疑問⑭　登校しぶりなどが起きたら…

 登校しぶりが起きたときの考え方

- [ ] 不登校やひきこもりの背景に発達障害がある場合がある
- [ ] 登校しぶりは子どもが発するSOSと考えて対応する
- [ ] 学習面、交友関係、心身の不調など多方面から原因をさぐる
- [ ] 担任と連絡を密に、できる手をなるべく早く打っていく
- [ ] 適応指導教室やフリースクール、専門家による支援も考える
- [ ] 本人に障害のことを話すのは生活が安定してから

保護者の不安・疑問 15

保護者自身がつらいとき…

Q

　息子は、通常学級に在籍している小学校3年生です。昨年、自閉症スペクトラム障害でアスペルガータイプと診断されました。父親と似ていて、口が達者なタイプです。私のことを見下しているようなところもあり、いつも私が夫と子どもに合わせて生活しています。

　担任の先生からは、集団行動がうまくとれないので支援が必要、個別の指導計画を立てるために意見を聞きたい、学校に来てほしいといわれました。夫は「昔の自分とそっくりなだけ、そんなものは必要ない」と聞き入れません。学校と夫の板ばさみで疲れてしまいます。

①

②

③

④

⑤

 家族それぞれの折り合いを見つけて

　家庭内では自分が合わせればなんとか波風を立てず生活できても、学校生活のことは日々指導してくれている担任の先生の意見を無視することもできず、また、実は支援の必要性も感じるからこそ、夫の態度は悩ましいことでしょう。ここは、これまでの黙って夫と子どもに合わせる方針を改め、転換が必要なときかもしれません。個別の指導計画については先生と相談して進めつつ、少し視点を変えて夫にアプローチする方法、自分自身の気持ちを楽にする方法、そして、子どもの行動を変えるのに役立つプログラムなどをさぐってみましょう。

Q 個別の指導計画を立ててもらう？

A 具体的な支援は相談して進めてもらう

　夫が反対するからといって、日々の支援を受けずにすごすのは子どものためになりません。なるべく早く相談に行って、個別の指導計画を立ててもらいましょう。

　集団行動がとれないとは、担任の先生はどういうところをいっているのでしょうか。口は立つのに、先生の指示に従えない、人の意見を聞かないといった姿なのかもしれません。ことばは理解していても、その場での適切な行動ができにくい、アスペルガータイプならではの行動特性がみられるのかもしれません。

　先生がどのようなことを心配しているのか話を聞き、家庭でのようすも話して、有効な指導計画になるように協力します。

A 意見の相違についても話しておくといい

　子どもの父親と意見が分かれて困っていること、孤立無援でつらいことも、気持ちが許せば話しておくといいでしょう。先生にとっては、そのような家庭内のようすもわかると、指導の参考になるものです。

　次の相談のときに「最近お父さんはどうですか」と尋ねてくれたりすれば、ますます話しやすくなるでしょう。先生を味方につけられたら、心強いですね。

A 支援の効果を随時教えてもらう

　個別の指導計画は、学期ごとに見直されます。先生と何度か相談し、修正していけると理想的です。学校での支援効果について教えてもらい、家庭でのようすも連絡するようにします。

Q 夫に理解してもらうのは無理なの？

A なぜ聞き入れないのかを考えてみる

　学校での支援を進めてもらいつつ、家庭内では、なんとか夫に理解してもらえる方法をさぐります。まず、考えてみたいのは、夫が支援を受けることに反対するのはなぜか、ということです。

　もしかしたら、夫は子どもの障害をまだ認められないのかもしれません。診断はついていても、そのことを否定したいのかもしれません。まして、子どもは自分自身に似ているのです。心のどこかでは、親子そろって障害があるのかも、と恐れているとも考えられます。

A 「障害があるから」でなく、「支援してもらうとうまくいく」と説得する

そこで、担任の先生に教えてもらっている支援の効果を具体的に話していくのはどうでしょうか。「障害があるから支援が必要」と話すのでなく、「学校で、先生がこのように工夫したら、子どものできることが増えた」と報告するのです。

うまくいった例を具体的にいくつも聞くことで、抵抗なく支援の必要性を感じたり「支援するとうまくいく」と納得できたりする日も来るかもしれません。

Q やっぱり、わかってもらえない… 思いを話せる相手がほしい…

A 思いを共有できる相手を探す

家族に共通理解をもってもらい、いっしょに子育てができればこれ以上のことはありません。しかし、実際にはむずかしい場合があるでしょう。こうしたときに躍起になっても、互いの距離は遠のくばかりです。今しばらく時間をかける必要があるかもしれません。

家族の理解を得られないことも含め、子育てがつらい気持ちを理解してもらったり、今後のことをいっしょに考えてもらったりできる人を探してみましょう。

療育機関や通級指導教室などで顔を合わせる保護者などが、候補になりそうです。

A カウンセラーに話してみる

カウンセリングでは、批判はせずに、まず話を聞いてくれます。カウンセラーは利害関係のない第三者で、心理の専門家なので、安心して自分の気持ちを解放できる場となるでしょう。夫との関係がもし変わらなかったとしても、ほかに理解者を得て自分らしくすごせる時間が増えるかもしれません。

学校に配置されているスクールカウンセラーには、子どもだけでなく保護者も相談ができます。また、精神科クリニックでもカウンセリングが受けられます。

A 親の会、当事者の会などもある

発達障害は、一見障害があるようには見えない障害なので、まわりの理解が得にくく、本人も保護者も苦労することがあります。そういう経験を共有し、子育てに生かし、また、社会に向かって情報発信していこうとするのが、親の会や当事者の会です。

似たような経験をしている仲間や先輩と出会うことで、思いを分かち合い、互いに相談ができます。子育ての大先輩もいて、将来のことを教えてくれたりもするでしょう。また、自分の経験が後輩の保護者の参考にされるなど、新たな役割がもてるかもしれません。

こういう会は各地にあります。発達障害者支援センターなどで情報がわかりますし、多くはインターネットでホームページを開設していますので、発達障害名で検索すればヒットします（→ p.101）。

Q 学校での支援みたいに、家でできることもある？

A 対応を工夫すれば子どもは変わる。ペアレント・トレーニングを試そう

発達障害があるとき、子どもは独特なところを残したまま成長していきます。特性は生涯続くものといっていいでしょう。でも、子育てを工夫することで子どもの行動を変えることはできます。そのためのプログラムに、

発達障害の子どもに試してみたい発達支援プログラム

●ペアレント・トレーニング

ねらい	学習理論に基づき、親が自分の子育てをよりよいものにしていくプログラム
内容	子どもの行動を変えるために行動観察を行い、できている行動をほめて伸ばす。望ましい行動が増えるよう、環境を整えたり、声かけのしかたなどを工夫したりする
効果	望ましい行動が増える。親子関係が改善する。親の抑うつや子育てストレスが軽減する効果もある
学べる場所	療育センター（児童発達支援センター）、児童精神科クリニック、大学の心理相談室など（→p.101）

●ソーシャルスキル・トレーニング（SST）

ねらい	子どもが楽しみながらソーシャル・スキルを体得するためのトレーニング。コミュニケーション、自己主張、問題解決などのスキルを学ぶ
内容	よくありがちな場面を設定し、見本を示しながらロールプレイを行う。よかった点をフィードバックし、ほかのスキルもあるか振り返る
効果	子どもがソーシャル・スキルを学べるとともに、問題解決場面で状況を振り返り、よりよい対処のしかたを考える力も育つ
学べる場所	通級指導教室、児童精神科クリニック、発達支援団体など（→p.101）

ペアレント・トレーニングという方法があります。子どもの特性を見極めて対応を工夫していくものです。

少しは自分のいうことを聞いてもらいたい、見下した態度をなんとかしたいと思っていますか。それなら、思い切って子どもへのかかわりを変えてみてはどうでしょうか。

A できることを増やし困った行動を減らす

発達障害の子どもには変わりやすい行動と変わりにくい行動があります。変わりにくい行動を無理やり変えようとしても、成功する確率は低く、親子ともどもやる気がそがれてしまいます。ペアレント・トレーニングでは、変わりやすい行動から取りかかり、できることを増やしていきます。

子どもの行動を振り返ってみて、うまくふるまえた場面を書き出し、どんな環境であれば、また保護者がどんな対応をすればうまくできたのか見極めていきます。こうした観察と実践を繰り返すことにより、次第に困った行動が減り、適切な行動が増えていくのです。

A できている行動に着目してほめていく

日常的な子育てのなかでは、困った行動にばかり目が向きがちです。でも、よく観察すると、できている行動は必ず見つかります。最近できるようになった行動を見つけて、ほめましょう。たとえば、いつもは自分に関係のない用事にはつきあわないのに、買い物のあと文句を言わず親の用事にもつき合ってくれたといったとき、すかさずほめるのです。

この経験が次の機会にも、文句を言いたいのを我慢することにつながります。人から認められたいという気持ちを育むことにもなります。子どもに体験してほしいのは、「がんばればできること」そして「ほめられて自信をつけること」だからです。

A 子育てに自信と見通しがもてる

子どもは、一つひとつ課題を解決しながら成長し、また新たな課題に遭遇します。こうして、保護者や先生などのアドバイスを受け入れ、挑戦していく力が育まれるのです。

保護者のほうも、子どもの特性や対応のこつがつかめてくると、新たな問題が生じてもなんとか対応していけるという自信がもてます。子育てに見通しがもてるようになるのも、ペアレント・トレーニングの成果のひとつです。

ペアレント・トレーニングの考え方や方法については、各種の本で紹介されています。プログラムを取り入れている療育機関やクリニック、子育てサークルもあります。

Q 対人トラブルを減らしたい…

A ソーシャルスキル・トレーニングを試す

まわりの子どもたちとのトラブルは、その場で保護者がどうすることもできません。自閉症スペクトラム障害の子どもの場合、社会的コミュニケーションが苦手な傾向にありますので、ますます心配ですね。

対人スキルを身につける練習の方法として、ソーシャルスキル・トレーニングがあります。起こりがちな場面を設定し、そこでどのようにふるまったらいいかについて実演しながら、調整力を身につけていく方法です。

最近では、各地の通級指導教室や療育機関などで広く行われています。環境の見直しと本人のカウンセリングを経たうえで、試みるといいでしょう。

A 「スペシャルタイム」を確保する

ペアレント・トレーニングなどの取り組みでは、子どもの苦手な面も見ていくことになりますが、子ども自身を否定する態度にならないように気をつけます。トレーニングは、あくまで行動を改めるためのものです。

子どもが自分の存在を十分認められていると感じられるよう、自分らしく好きなことをして、リラックスしてすごせる、スペシャルな時間を確保していくことも重要です。

A 保護者もリフレッシュする時間をもつ

保護者のほうも、たまには子育てから離れて、自分らしい時間をもつことが、リフレッシュのために大切です。趣味やおしゃべり、ボランティア……、何でもいいのです。ただ、その時間は自分自身の充実感のためのものと決めておきます。そういう時間をもつことに、罪悪感を感じる必要はありません。

Q 障害を受け入れきれない自分が、いちばんだめなのかも…

A 自然にまかせて、少しずつ

障害の特性を理解することと、わが子に障害があることを受け入れることとは違います。理解しながらも、障害とともにある人生を受容しきれない苦しさを味わうかもしれません。

ありのままに受け入れる必要性はわかっていても、保護者としてやりきれない気持ちも残って当然です。進学や就職、結婚など、他人の慶事の話を聞くと、自分の子どもと比較して切ない気持ちになることもあるでしょう。

そういう自分を責めなくてもいいのです。今後、おそらくさまざまな機会に、当然のように子どもの特性に合った選択を手伝い、行動を支援する自分に気づくことがあるでしょう。そうやって少しずつ、子どもの第一の応援者になっていることでしょう。

保護者の不安・疑問⑮　保護者自身がつらいとき…

✔チェック！ 保護者自身がつらいときの対処法

- ☐ 家族内で意見が分かれても子どもの支援を優先する
- ☐ 家族の無理解については、相手の立場で考えてみる
- ☐ 保護者仲間で思いを共有できそうな人を探す
- ☐ カウンセラー、親の会、当事者の会に相談しても
- ☐ 子どもの行動を変えるためのプログラムを試す
- ☐ 障害を受け入れられなくても自分を責めない

① 学校で個別の指導計画の相談をしてきた

② 子どもはソーシャルスキル・トレーニングを受けることにした　なにソレ？

③ ○○してもいいですか？　コミュニケーションスキルを学ぶプログラムだ

④ へえ

⑤ そんなこと、パパが教えてやるぞ　みんなとできて、けっこう楽しいよ　がんばろうね　本気!!

理解を助ける資料集

特別支援教育の理念と実施のためのしくみ

● 特別支援教育の理念

障害のある子ども（幼児・児童・生徒）の自立や社会参加に向けた主体的な取り組みを支援するという視点に立ち、子ども一人ひとりの教育的ニーズを把握し、そのもてる力を高め、生活や学習上の困難を改善または克服するため、適切な指導および必要な支援を行う。

[対象と実施範囲] 以前の特殊教育が対象とした障害だけでなく、知的な遅れのない発達障害も含めて、特別な支援を必要とする子どもが在籍するすべての学校において実施される。

[社会的・将来的意義] 障害のある子どもへの教育にとどまらず、障害の有無やその他の個々の違いを認識しつつさまざまな人々が生き生きと活躍できる共生社会の形成の基礎となるものであり、わが国の現在および将来の社会にとって重要な意味をもっている。

[実施の責務] 各学校における特別支援教育の実施責任は校長（園長）にある。

● 校内委員会

各学校内に設置される特別支援教育に関する委員会。全校的な支援体制を確立し、支援対象となる子どもの実態把握や支援方策の検討等を行うのが目的。メンバーは校長、教頭、特別支援教育コーディネーター、教務主任、生徒指導主事、通級指導教室担当教員、特別支援学級教員、養護教諭、学級担任、学年主任、その他必要と思われる人。

● 特別支援教育コーディネーター

特別支援教育の推進のため、おもに校内委員会・校内研修の企画・運営、関係諸機関・学校との連絡調整、保護者からの相談窓口などを担う。各学校で必ず指名することになっているが、多くは専任ではなく、クラス担任をもつ教員、専科教員、養護教諭などが兼務する。

特別支援学校の特別支援教育コーディネーターは、さらに地域内の特別支援教育の核として地域支援の機能を担い、小中学校等への支援、関係機関とのより密接な連絡調整を行う。

● 個別の指導計画

一人ひとりのニーズに応じた指導目標や内容、方法等を示した計画。特別支援学校では基本的に個別の指導計画を活用した指導を行う。小中学校等においても必要に応じて作成する。

● 交流および共同学習

特別支援学級と通常学級の間で、また、特別支援学校の子どもたちと地域社会の人たちとの間で行われる。障害のある子どもの社会性や豊かな人間性を育むうえで重要な役割を担う。また、通常学級の子どもたちや地域の人たちが、障害とその教育について正しい理解・認識を深める機会ともなる。

● 教育委員会等による支援

公立学校を管理する教育委員会は、各学校の支援体制の整備促進、地域の協力体制の構築などを担っている。

[連絡協議会] 地域の総合的な支援ネットワークを構築することを目的とし、教育、医療、保健、福祉、労働等の関係部局、大学、保護者、NPOの関係者等をメンバーとして設置。

[専門家チーム] 障害の有無にかかわる判断や望ましい教育的対応について専門的な意見を学校に提示するために設置される。教育委員会の職員、教員、心理学の専門家、医師等で構成。
[巡回相談] 各学校を巡回して教員等に指導内容や方法に関する指導や助言を行う。
[特別支援教育支援員等の配置] 学習上・生活上の支援を行うため、教育委員会の事業などとして配置されている。必要な知識・技術の習得のため事前の研修などが行われる。

特別支援教育の実施体制（例）

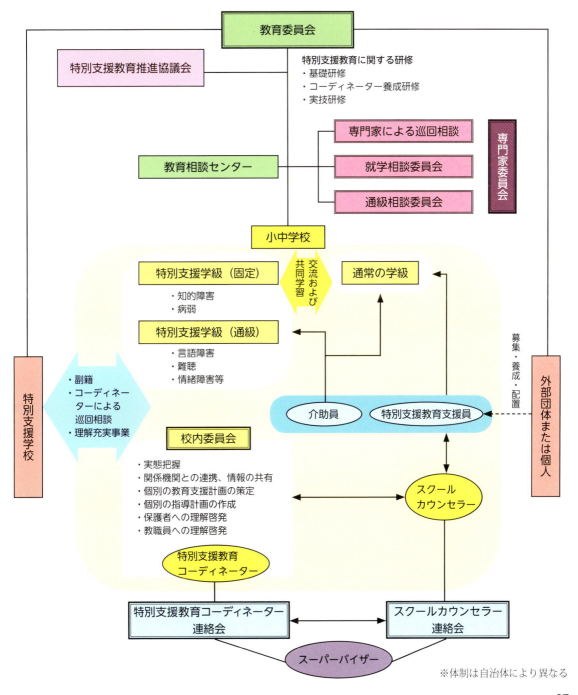

※体制は自治体により異なる

発達障害のある子どもと保護者を支援する各種制度

●児童福祉サービス

名称		対象	サービス内容	提供機関	定員
障害児通所支援	児童発達支援	発達障害児を含む障害児。手帳の有無は問わない ※医療型は肢体不自由児	日常生活における基本的な動作の指導、知識技能の付与、集団生活への適応訓練	福祉型児童発達支援センター、児童発達支援事業所	10人以上（重症心身障害児対象は5人以上）
	医療型児童発達支援		児童発達支援と治療	医療型児童発達支援センター	
	放課後等デイサービス	就学している障害児（発達障害児を含む）	学校授業終了後または休業日において、生活能力の向上のために必要な訓練、社会との交流の促進、余暇活動の提供など	児童発達支援センターなどの放課後等デイサービス事業所	10人以上
	保育所等訪問支援	保育所や、子どもが集団生活を営む施設に通う障害児（おもに発達障害児）	児童指導員・保育士等の担当者が2週に1回程度施設を訪問し、集団生活適応のための専門的な支援その他の便宜を供与。①障害児本人への支援（集団生活適応のための訓練等）と②スタッフに対する支援（支援方法等の指導等）がある	児童発達支援センターから訪問 ※訪問先：保育所、幼稚園、認定こども園、小学校、特別支援学校など	—

●手帳制度
＊知的障害のない自閉症スペクトラム障害の場合、自治体によって療育手帳の取得が可能な場合もある

名称	概要	対象	交付基準
療育手帳 ※自治体独自の名称にしているところも多い	知的障害児・者への一貫した指導・相談を行い、各種の支援を受けやすくするため、都道府県知事または指定都市市長が交付する	児童相談所（18歳未満）または知的障害者更生相談所（18歳以上）において知的障害があると判定された人＊	●重度（A） ① IQがおおむね35以下で、日常生活の介助が必要または問題行動あり ② IQがおおむね50以下で、盲・ろうあ、肢体不自由等がある ●それ以外（B） ※より細かく区分する自治体もある
精神障害者保健福祉手帳	各種支援策を講じやすくし、精神障害者の社会復帰、自立、社会参加の促進を図ることを目的として、都道府県知事または指定都市市長が交付する	精神障害（発達障害も含む）の状態にあると認められた人	※1〜3級に分かれる ●3級 日常生活もしくは社会生活が制限を受けるか、日常生活もしくは社会生活に制限を加えることを必要とする

●特別児童扶養手当制度

目的	手当てを支給することにより、精神または身体に障害のある子どもの福祉の増進を図る
対象	20歳未満で精神または身体に障害のある子どもを家庭で監護・養育している父母等 ※所得と扶養親族の数などにより制限あり
支給月額	1級：5万50円　　2級：3万3330円
支給時期	原則として4月、8月、12月にそれぞれ前月分までが支給される

不登校・ひきこもりへの支援にかかわる機関

名称	支援内容	特性・利用条件など
適応指導教室（教育支援センター）	不登校に関する相談活動を行うと同時に、不登校児童生徒に対する通所指導（カウンセリング、教科指導、体験活動などを行う。一定の要件を満たす場合に、指導を受けた日数を指導要録上出席扱い*とすることができる	教育委員会による設置。地域により名称が異なることがある
ひきこもり地域支援センター	[第一次相談窓口] ひきこもり本人、家族などからの電話・来所・訪問等による相談に応じるとともに、家庭訪問を中心とする支援を行う [関係機関との連携] 対象者の状態に応じた適切な支援を行うため、関係機関からなる連絡協議会を設置し、情報交換等、恒常的な連携を図る [情報発信] リーフレット作成等により、ひきこもり問題に対する普及啓発を図るとともに、地域における関係機関。事業紹介などの情報発信を行う	都道府県・指定都市に設置（見込み）。ひきこもり支援コーディネーターとして社会福祉士、精神保健福祉士などを配置

＊出席扱いの要件：当該施設への通所または入所が学校への復帰を前提とし、かつ不登校児童生徒の自立を助けるうえで有効・適切であると判断される場合に認められる。その際、保護者と学校との間に十分な連携・協力関係が保たれていることが重要。また、民間施設における指導等に関して「出席扱い」が考慮される場合には、当該民間施設における指導等が適切であるかどうか、学校長と教育委員会が連携して判断することとされている

●NPO法人全国引きこもりKHJ親の会（家族会連合会）

唯一の全国組織のひきこもり親の会。当事者・家族に対し定例会や家族教室などをとおしメンタルヘルスケアを行う。問題対策に向けた社会的啓発活動も。http://www.khj-h.com/

発達障害のある人の就労支援にかかわる機関

名称	支援内容	特性・利用条件など
障害者就業・生活支援センター	[相談支援] 職業準備訓練や職場実習の斡旋、求職活動への同行、生活面の支援など、さまざまな相談に応じる	多くは障害者手帳取得（見込み）が条件
地域障害者職業センター	[職業カウンセリング・職業評価] 仕事の種類や働き方などについて本人の希望、障害特性、課題をふまえて相談・助言、職業評価、情報提供を行う [就業準備支援] 作業支援、職業準備講習カリキュラム、精神障害者自立支援カリキュラム、発達障害者就労支援カリキュラムを通じて、基本的な労働習慣の習得、作業遂行力の向上、コミュニケーション能力・対人対応力の向上を支援する [職場適応援助者（ジョブコーチ）支援] 事業所にジョブコーチを派遣し事業主に対して雇用の前後を通じて障害特性をふまえた直接的・専門的な助言をする	各都道府県に設置されハローワークと連携がある。医師の診断があれば障害者手帳がなくても利用可能
ハローワーク（公共職業安定所）	[職場適応訓練]（都道府県ハローワーク）事業所で実際の業務を行う作業環境に適応するための訓練（訓練期間は原則6か月以内） [障害者トライアル雇用] 事業主と有期雇用契約を結ぶ3か月間の試行雇用。不安を軽減し、事業主との相互理解を深め、常用就労をめざす	高等教育修了後の正規雇用や発達障害者の就労を支援する専門職員を配置
就労移行支援事業所	[就労移行支援] 一般就労への移行に向けて、就労移行支援事業所内での作業や、企業における実習、適性に合った職場探し、就労後の職場定着のための支援を行う（利用期間は2年以内）	障害福祉サービスの受給者証が必要
就労継続支援事業所	[就労継続支援（A型）] 雇用契約に基づく就労の機会を提供するとともに、知識・能力が高まった人に一般就労への移行に向けた支援を行う [就労継続支援（B型）] 就労や生産活動の機会を提供するとともに、知識・能力が高まった人に一般就労移行に向けた支援を行う	障害福祉サービスの受給者証が必要
地域若者サポートステーション（サポステ）	ニートやひきこもり状態の若者や家族を支援。各支援機関との連携のもと、キャリア・コンサルタントによる専門的な相談、コミュニケーション訓練、資格取得支援、協力企業への職場体験などにより、就労に向けて支援する	NPO、株式会社などが運営

※発達障害者支援センター（→p.100）でも就労支援を行う

相談窓口　相談は、各自治体の子どもに関する部署（名称は子ども家庭課など）で受け付けるほか、各種専門機関が役割に応じて受け付けています。

● **発達障害者支援センター**　都道府県・指定都市

　発達障害者支援法に基づき都道府県・指定都市に設置されている。発達障害児（者）のための総合的な支援機関で、発達障害の早期発見、早期発達支援のため次のような役割を担う。

　[相談支援] 日常生活でのさまざまな相談に応じる。相談内容によっては福祉制度やその利用方法の紹介、医療等の関係機関、民間団体との連絡調整も行う。

　[発達支援] 発達支援に関する相談に応じ、家庭での療育方法を助言する。発達検査の実施、具体的な支援計画の作成・助言、児童相談所、知的障害者更生相談所、医療機関等との連携も。

　[就労支援] 就労に関する相談に応じ、労働関係機関と連携して情報提供を行う。障害特性や職業適性についての助言や環境調整などを直接行うこともある。

● **精神保健福祉センター**　都道府県・指定都市

　精神保健福祉法に基づき各都道府県と指定都市に設置されている。地域の精神保健福祉全般を担う機関で、相談および指導は特に複雑または困難なものを扱う。

● **保健センター**　市町村

　地元住民の保健を担う機関。子ども関連では乳幼児健康診査、予防接種、訪問指導などを行う。

● **児童相談所**　都道府県・指定都市

　児童福祉の第一線機関で、都道府県・指定都市に設置されている。子どもに関する各種の相談に応じ、専門的な角度から調査、診断、判定を行って子どもおよび保護者に指導や児童福祉施設入所などの措置を行う。被虐待児童の一時保護なども行う。相談内容のおもなものは不登校、子育て相談、虐待、非行など。障害相談が半数以上を占める。

　児童相談所の機能を補完する役割を担う機関として児童家庭支援センターがあり、不登校、虐待、発達障害のある子どものケアなどにかかわる。児童養護施設などに設置されている。

● **教育委員会**　都道府県・指定都市

　都道府県と市町村単位で設置される教育の執行機関。5人または6人の委員の合議制。その基本方針のもと、教育長が事務局を指揮して教育事務が行われる。学校の設置・管理、教育職員の任免や研修、児童生徒等の就学、入学、転学、退学、教育相談などを担う。

● **特別支援教育センター**　都道府県・指定都市

　教育委員会の管轄下にあり、発達障害特性のある子どもの就学・教育相談を行う。おもに発達検査を行い、子どもの理解や必要な教育支援について示唆する。

● **教育相談センター**　都道府県・指定都市

　教育委員会の管轄下にあり、小中学生（自治体によって高校生相当の年齢まで）を対象に、おもに不登校・いじめや家庭のしつけなどの相談に応じる。

発達障害や特別支援教育についての情報提供

● **国立障害者リハビリテーションセンター発達障害情報・支援センター**

　本人、家族、支援者などに信頼のおける情報をわかりやすく提供。全国の発達障害者支援セ

ンターの一覧なども見ることができる。http://www.rehab.go.jp
- ●国立特別支援教育総合研究所発達障害教育情報センター

発達障害にかかわる教員、保護者などへの情報提供を行っている。教育相談に関して、全国の相談機関のデータベースも掲載されている。http://icedd.nise.go.jp

発達障害関連の活動を行う団体
当事者または親の会、研究団体など。人によって合う・合わないがあります。団体の目的、活動内容などを確認して参加してください。

名称	住所		電話
一般社団法人日本自閉症協会	104-0044	東京都中央区明石町 6-22　築地 622	(03)3545-3380
横浜市自閉症児・者親の会	231-0001	神奈川県横浜市中区新港 2-2-1 横浜ワールドポーターズ 6F NPOスクエア内	(045)663-0019
NPO法人全国 LD 親の会	151-0053	東京都渋谷区代々木 2-26-5 バロール代々木 415	(03)6276-8985
一般社団法人日本 LD 学会	108-0074	東京都港区高輪 3-24-18 高輪エンパイヤビル 8F	(03)6721-6840
NPO法人えじそんくらぶ	358-0003	埼玉県入間市豊岡 1-1-1-924	(04)2962-8683
NPO法人アスペ・エルデの会	452-0821	愛知県名古屋市西区上小田井 2-187 メゾンドボヌー小田井 201	(052)505-5000

- ●JDDネット（日本発達障害ネットワーク）

障害者団体や親の会、学会・研究会、職能団体などを含むネットワーク。http://jddnet.jp

保護者が子育てを学ぶため、子どもが行動を学ぶために

●ペアレント・トレーニング

名称	住所		電話
奈良教育大学 特別支援教育研究センター	630-8528	奈良県奈良市高畑町	(0742)27-9105
佛教大学 臨床心理学研究センター	600-8008	京都府京都市下京区四条通烏丸東入ル 京都三井ビル 4F	(075)231-8004
肥前精神医療センター	842-0192	佐賀県神埼郡吉野ヶ里町三津 160 番地	(0952)52-3231

●ソーシャルスキル・トレーニング（SST）

名称	住所		電話
奈良教育大学 特別支援教育研究センター	630-8528	奈良県奈良市高畑町	(0742)27-9105
立命館大学 心理・教育相談センター	603-8577	京都府京都市北区等持院北町 56-1 志学館 1F	(075)466-3430

参考資料など

- 『ライブ講義発達障害の診断と支援』内山登紀夫 著　（岩崎学術出版社）
- 『改訂新版LD・ADHD・高機能自閉症の子どもの指導ガイド』国立特別支援教育総合研究所 編　（東洋館出版社）
- 『アスペルガーを生きる子どもたちへ』佐々木正美 著　（日本評論社）
- 『わが子は発達障害－心に響く33編の子育て物語』内山登紀夫・明石洋子・高山恵子 編　（ミネルヴァ書房）
- 『特異的発達障害診断・治療のための実践ガイドライン－わかりやすい診断手順と支援の実際』特異的発達障害の臨床診断と治療指針作成に関する研究チーム 編　（診断と治療社）
- 『「小学校で困ること」を減らす親子遊び10　6～12歳－発達が気になる子を理解して上手に育てる本』木村順 監修　（小学館）
- 『「小1プロブレム」解決ハンドブック－発達障害がある子どもにも完全対応』月森久江 監修　（講談社）
- 『困っている子をほめて育てるペアレント・トレーニングガイドブック－活用のポイントと実践例』岩坂英巳 編著　（じほう）
- 『学校におけるSTT実践ガイド－子どもの対人スキル指導』佐藤正二・佐藤容子 編　（金剛出版）
- 『これならわかるスッキリ図解障害者総合支援法』遠山真世・二本柳覚・鈴木裕介 著　（翔泳社）
- 『発達障害が引き起こす不登校へのケアとサポート』齊藤万比古 編著　（学研教育出版）
- 『仕事がしたい！　発達障害がある人の就労相談』梅永雄二 編著　（明石書店）
- 『アスペルガー症候群のある子どものための新キャリア教育－小・中学生のいま、家庭と学校でできること』本田秀夫・日戸由刈 編著　（金子書房）
- 『特別なニーズのある子どもの早期介入と地域支援－東京発：子ども・学校・家庭へのアプローチ』舩越知行 編著　荒井聡・大橋雄治・大原隆徳・葛西祥子・竹谷志保子・星茂行・守永英治 著　（学苑社）

発達障害の名称について

本書では、発達障害の名称を、たとえば「自閉症スペクトラム障害」「注意欠如・多動性障害」「学習障害」「知的障害」などのように表記しています。これらについて、日本精神神経学会が2014（平成26）年5月に発表した「DSM-5病名・用語翻訳ガイドライン（初版）」では、次のように併記されています。

- 自閉スペクトラム症／自閉症スペクトラム障害
- 注意欠如・多動症／注意欠如・多動性障害
- 限局性学習症／限局性学習障害
- 知的能力障害（知的発達症／知的発達障害）

デザイン・DTP：小林峰子
企画編集：ワードクロス

監修者紹介

内山登紀夫（うちやま　ときお）

精神科医師。専門は児童精神医学。順天堂大学精神科、東京都立梅ヶ丘病院、大妻女子大学人間関係学部教授を経て、2009年4月より福島大学大学院人間発達文化研究科学校臨床心理専攻教授およびよこはま発達クリニック勤務。2013年4月より福島県立医科大学会津医療センター特任教授併任。
1994年、朝日新聞厚生文化事業団の奨学金を得て米国ノース・カロライナ大学TEACCH部シャーロットTEACCHセンターにて研修。1997～98年、国際ロータリークラブ田中徳兵衛冠名奨学金を得てThe center for social and communication disorders（現The NAS Lorna Wing Centre for Autism）に留学。Wing and Gouldのもとでアスペルガー症候群の診断・評価の研修を受ける。

著者紹介

温泉美雪（おんせん　みゆき）

神奈川LD協会（公益社団法人神奈川学習障害教育研究協会）子ども発達支援室室長、臨床心理士。早稲田大学大学院人間科学研究科修了。国立肥前療養所情動行動障害センター（現肥前精神医療センター）、横浜市南部地域療育センターを経て、2011年より現職。自閉症スペクトラム障害、ADHD（注意欠如・多動性障害）、LD（学習障害）など発達障害の特性に合わせ、生活や対人面、読み書きのつまずきなどの支援にあたっている。特別支援教育に関しては、巡回相談を通じ、園や学校に助言する立場。ペアレント・トレーニングの開発にも従事し、その効果をまとめた論文で日本行動療法学会学会賞受賞。
おもな著書に『お母さん次第で「困った子」が変わる本―「育てにくい子」もぐんぐん伸びる！』（メイツ出版、2012年）、『肥前方式親訓練プログラム　AD/HDをもつ子どものお母さんの学習室』（共著、二瓶社、2005年）、『特別支援教育がわかる本3　通常学級でできる発達障害のある子のトラブル・行動問題への対処』（ミネルヴァ書房、2014年）などがある。

カバーイラスト　内田コーイチロウ
イラスト　あべかよこ

特別支援教育がわかる本④
「発達障害？」と悩む保護者のための
気になる子の就学準備

2015年1月30日　初版第1刷発行　〈検印省略〉

定価はカバーに表示しています

監　修　者	内　山　登紀夫
著　　　者	温　泉　美　雪
発　行　者	杉　田　啓　三
印　刷　者	奥　村　文　泰

発行所　株式会社　ミネルヴァ書房
607-8494　京都市山科区日ノ岡堤谷町1
電話 075-581-5191／振替 01020-0-8076

©SIXEEDS, 2015　　奥村印刷・宮田製本

ISBN978-4-623-07193-7
Printed in Japan

特別支援教育をすすめる本

B5判／オールカラー／①〜③ 104ページ、④ 64ページ／各巻本体2500円

① こんなときどうする？
発達障害のある子への支援　幼稚園・保育園
内山登紀夫 監修　諏訪利明・安倍陽子 編

② こんなときどうする？
発達障害のある子への支援　小学校
内山登紀夫 監修　安倍陽子・諏訪利明 編

③ こんなときどうする？
発達障害のある子への支援　中学校以降
内山登紀夫 監修　中山清司 編

④ 知ってる？　発達障害
ワークブックで考えよう
細川佳代子 プロデュース

特別支援指導用教材
学校生活・日常生活適応のための指導
佐々木正美 監修　伊藤久美 編

B5判／オールカラー／104ページ／絵カード・DVD付／本体18000円